KS
ブックレット
No.22

ねことmaruとコトト

障害のある人たちの「働く」をつくる

きょうされん就労支援部会・編著

発行／きょうされん　発売／萌文社

ＫＳブックレットの刊行にあたって

ＫＳブックレットの第22号がここにできあがりました。ＫＳとは、本書の発行主体である、きょうされん（旧称；共同作業所全国連絡会）の「共同」と「作業所」の頭文字であるＫとＳを組み合わせたものです。

本ブックレットは、障害分野に関わる幅広いテーマをわかりやすく企画し、障害のある人びとの就労と地域生活の実践や運動の進展に寄与することを目的に刊行しています。社会福祉・保健・医療・職業リハビリテーションに携わる人びとはもとより、多くのみなさまにご愛読いただくことを願っております。

2015年10月

きょうされん広報・出版・情報委員会

ねことmaruとコトコト

——障害のある人たちの「働く」をつくる——

本書は「障害の重い人たちの労働保障」をテーマとした実践を全国に紹介したいという課題にもとづいて、きょうされん就労支援部会での議論を踏まえ、この間の動向の分析等も含め、部会員各自の責任で執筆しました。全国各地では、まだまだたくさんの実践がとりくまれていますが、どんなに障害が重くても働くなかで発達や権利の保障をめざすきょうされんの実践と運動は、全国で初めて共同作業所が誕生して約 40 年経った今なお、ぶれることはありません。

今後もさらに実践を交流し、障害の重い人々の労働保障のとりくみを、よりゆたかに発展させていきましょう。本書がそのためのほんのひとつのきっかけになれば幸いです。

もくじ

《プロローグ》 働くって、何だろう？

「かんぱーい！」、「お疲れー！」、「お疲れさん」

冷房の効いた研修会場から外に出ると、ムッとする熱い空気に覆われた。すでに陽は沈みかけていたが、年々ヒートアップする酷暑の8月、３人は駅の近くの居酒屋に繰り出した。

「ホント、久しぶり！　大学に行った優介くんも、賢一くんも、まさか10年後に同じ業界で働いていたなんてね。なんで福祉の仕事をしようなんて思ったの？」

３人の中では、業界歴の一番長い久美子が切り出した。

「大学卒業したあと、９社目でようやく決まった家電の会社で働いていたんだけどね。営業ノルマはきついし、サービス残業も多くてさ…3年で辞めたんだ。なんか人にかかわる仕事がしたいなと思って、いまの事業所に就職したんだけどね…、わからないことだらけで…」

なんとなく歯切れの悪い口調で答えた優介だった。彼は、重い自閉症や肢体不自由の人たちの生活介護の事業所で働いていた。作業の支援や食事・トイレ介助、そして朝夕の送迎車の運転が主な仕事だった。とりあえず肢体不自由の人の場合の支援方法や、自閉症の人に使ってはならない「言葉」は教わった。送迎コースとリフトバスの操作方法、食事やトイレ介助の支援方法なども教わったけれど、会話が難しい人は、いったい何を望んでいるのかよくわからない。自閉症の人がパニックになったとき、自分の指を噛んでしまうので必死に止めているが、時々「いいかげんにしてくれよ」と思ってしまう自分がいる。しかも正規職員よりもパート職員の方が多く、就職したばかりの優介が、彼らパート職員に指示を出さなければならない立場だった。それに施設長は超ワンマンだった。

が、そんなことは話さなかった。

久美子は、福祉の専門学校を卒業したあと高齢者のヘルパーをしていたが、安定した仕事がしたいと障害者通所施設の正職に就いた。法律が変わってから、生活介護と就労継続支援B型の多機能型の事業所に変更したが、「何も変わらないじゃん」と感じていた久美子は今度は賢一に尋ねた。

「賢一くんは、どうして今の仕事に就いたの？」

「オレは企業で営業の仕事をしていたときに、取引先で障害者雇用をしている会社を知ったことがそもそものきっかけ。その会社に紹介してもらった事業所の施設長に誘われて、転職したんだ」

賢一は、それまで食品メーカーに勤めていたが、就労移行支援事業所の見学をきっかけに転職した。そこはこれまで法人認可されない精神障害の人たちの小規模作業所だったが、今年4月にNPO法人を取得し、就労移行支援事業という制度に変わったらしい。

「宅配弁当の売れ行きはまあまあなんだけど、一般就労が難しい。企業との接点もそんなにないし、就労支援員を配置していても、仕事が忙しくて一般就労を支える体制もつくれないし…」と、初対面なのに愚痴のような説明をしていた施設長は、別れ際、賢一に声をかけた。

「興味があるんならうちで働かないか。企業の経験を生かして新しいことができるんじゃないかな」

誘いを受けた賢一は、まんざらでもなく、営業畑で培ってきたノウハウを発揮して新しいビジネスモデルができるのではと思った。そしてすぐさま会社を辞めて、就労移行支援事業所に就労支援員として採用された。


久美子は、モノマネ上手な利用者の話を、おもしろおかしく紹介し、「うちにもいるよ」とようやく優介も打ち解けた。二人が共通の話題で盛り上がっているところに、賢一は、別な話で割り込んだ。

「工賃5千円や1万円で、仕事って言えるのかな」

「うちは、知的障害やダウン症の人たちが働いているんだけど、企業の下請けで部品の組み立てや袋詰めの仕事で、障害のあるみんなの工賃は月1万5千円くらいかな。でも、みんな楽しそうに仕事をしているよ。工賃の日は、『お給料！』ってホントにうれしそう。ただ1万5千円の価値はわからないから、仕事と言えるのかどうかはわかんないな」

久美子は正直に答えた。

「オレもよくわからないんだ。正直、あの作業が『仕事になっているのか』って言われると、なんか無理やり働かせているような気もしてきちゃうな…」

優介もホンネを吐いた。

「福祉の世界って、ホントお情け頂戴なんだよね。商品コンセプトもアピールもなってないし、もっと企業に学ばないとダメだ。なんか世界が狭いんだよね」

二人の話題とまったく異なる切り口から入り込んだ賢一は、ここぞとばかりに、いつもの熱弁を始めた。営業畑で培った市場リサーチ、スキルトレーニング、マーケティング戦略、めざすべきは一般就労のメインストリーム…、締めくくりをPDCAサイクルでまとめようとしたところ、

「なんか、カタカナとアルファベットばかりで、話がよくわかんない」

賢一の話を久美子が断ち切った。優介に話を振ろうと久美子が別の話題を持ちかけた。

「だけどさ、みんな利用料や給食費をとられるようになったでしょ。4月の家族会でお母さんたちが、『工賃をもらっても、そっくり消えちゃうのよね』って愚痴ってたんだ。支払う金額は人によって違うみたいだけど、一番障害の重い人は毎月2万円を超えちゃうんだって。優介くんと賢一くんのところは、いくらぐらいの利用料なの？」

優介と賢一は黙っていた。応益負担の利用料は知っていたが、どのくらいの負担かは知らなかった。むしろ利用料と給食費のほかに、月5000円の送迎利用料まで徴収していることを優介は黙っていた。賢一は、利用料は当たり前ではないかとさえ思っていたが、その場ではあえて口をつぐんだ。

「福祉の仕事って、なんだろうね」

久美子の一言で、この話題は終わった。


10月のある日、優介の職場で脳性マヒのある全介助の隼人くんが大けがを負った。

昼休み、利用者たちは思い思いに作業室で過ごしていた。突然、何かが階段を転がる音とともに、叫び声が。あわてて優介が階段を駆け降りると、車いすの隼人くんが血だらけの顔で踊り場に転倒してい

た。すぐさま隼人くんを抱き起し、「タオルを！救急車を早く呼んで！」と叫んだ。

　隼人くんはあごと腕を骨折し、救急病院で大がかりな手術をした。担当職員だった優介は三日三晩病室に付き添ったが、何もできない自分がもどかしかった。術後3日目に、ようやく流動食の摂取の許可がでたが、隼人くんは受けつけなかった。「とにかく食べないと元気にならないよ」と声をかけるお母さんは、食べさせようと必死だった。しかし、ガーゼを貼ったあごの状態が怖くて躊躇するお母さん。優介も「食べよう」と声をかけたが、隼人くんは食べようとしない。不安なのだろうか、それとも転倒した時の激痛と恐怖がよみがえるのだろうか。

　でも食べてほしい。

「そうだ、お母さん。隼人くん、ヨーグルト好きでしたよね。ヨーグルトなら食べるかも」

　入院時に用意しておいたヨーグルトをお母さんが冷蔵庫から取り出した。今度は優介がスプーンに少しだけすくって、上前歯の裏にこすって舌の上にヨーグルトを落としてあげた。

「冷たくて気持ちいいよ。噛まなくていいんだよ。ゴックンって呑んでごらん」

　すると戸惑いこわばった表情の隼人くんが、舌の上で味を確かめて、ゴクンと呑み込んだ。

「そうだ！　おいしいだろう」

　優介は、もう一度ヨーグルトをスプーンですくって口に運んであげた。今度はためらうことなく隼人くんは、ヨーグルトの味を楽しむように呑み込んだ。

「よかった。食べられるね」

　お母さんが涙ぐんだ。1カップのヨーグルトを食べきった隼人くんは、流動食も食べることができた。食べることの大好きな隼人くんが、食事を拒否することほど不幸なことはない。けれども、食べることができた。それを見届けた優介は急いで事業所に戻った。やるべき仕事がある。なぜ、あんな大事故を起こしてしまったのか。その原因は何なのか。そして再発防止の方策を示さなければ、隼人くんと家族に説明がつかない。

　事故原因がはっきりしないまま優介は、翌日の家族との話し合いに臨んだ。

「やっぱり仕事をする事業所に入ったのがムリだったんじゃないか」

自らに言い聞かせるように、一人ごちるお父さん。

「仕事に問題があるんじゃなくて、支援体制に問題があったんじゃないの」

本質をつくお母さん。

優介は、〝事故は仕事中ではなく、昼休みに起こっていますから休み時間の支援体制に問題があるんです。少ない正職とパートばかりの職場で、重い障害のある利用者一人ひとりの必要な支援を職員間で徹底することができなかった事業所の責任者に、担当者に、運営に問題があるんです。隼人くんは仕事をしたいんです。少ないけど工賃の支給日は、とてもうれしそうなんです〟と説明したかった。だけど声にならず、何も言えなかった。

傷が癒えた隼人くんは、再び事業所に通えるようになった。しかし優介の胸には、割り切れない思いだけが、隼人くんの傷跡とともに残ったままだった。

賢一の事業所では、彼の努力もあって3人の利用者が企業のパート採用につながっていた。賢一は企業の開拓や面接、訪問などに忙しい日々を送っていた。

その冬も雪が多かった。2月に降った大雪が歩道の日陰にまだ残る頃、問題が起こった。

「美咲さんが、2日前から仕事に行っていない。しかも家にも帰ってないと、お母さんから電話があった」

「えっ」

呆然とする賢一に、続けて施設長は報告した。

「仕事でミスをして叱られて、そのまま家に帰っていないらしい。支店長は働き続けられるようにフォローしたいから、早く探してほしいと言っていた。お母さんは、もう一度、事業所の弁当屋に戻れないかと言ってきたんだけど、まだ結論を出す段階ではないということを伝えて、こんな寒い冬に行方がわからないなんて心配ですから、まずは美咲さんを探しましょうと答えておいた。お前に心当たりはないか」

賢一に思い当たるところなどなかった。面接で休日の過ごし方や友人関係などを確認していたが、家族と事業所の関係者以外、美咲さんとの接点はなかった。

2日後、警察から「美咲さんが見つかった」という連絡が家族に入った。警察には家族が引き取りに行き、その足で事業所に寄ってくれた。以前からたまに利用していたマンガ喫茶にこもっていたらしい。そのうち料金が払えなくなり、警察に通報され、家族に連絡が入ったとのことだった。

「心配したよ。どうして黙って会社を休んだんだ。職場の主任さん、すごい心配してくれたんだぞ」

つい、きつい口調になってしまう賢一に、美咲さんは顔もむけず、途切れ途切れに小声で答えた。

「だって、仕事が難しくて覚えられない…、教えてくれないし…、自信ないし…、みんな怖いし…」

「それに、前からマンガ喫茶に行っていたこと、どうして教えてくれなかったんだ」

「別に聞かれなかったし…」

賢一は、美咲さんが落ち込んだ時の「隠れ家」まで、把握していなかった。

その後美咲さんが働いていた職場の主任も一生懸命フォローしてくれたが、結局美咲さんは会社に行けなくなった。本人や家族と話し合って、事業所の弁当屋に戻ることにはしたものの、なかなか通所もできなくなっていた。

「美咲さん、状態が悪くなって再入院したよ。今度病院に行ってみるけど、お前も一緒に行くか」

賢一は、あいまいな返事をしただけだった。

久美子と優介、賢一の3人は、研修会での再会以来たまに飲み会をしては、職場では話しにくい愚痴やプライベートのことなどを相談し合ってきた。隼人くんの転倒事故から一年を経たが、未だに元気のない優介を励まそうと、3人だけの忘年会を開いた。

「なぁ、久美子も優介も聞いてるのかよ。この前さ、去年アパレルの会社に就職したメンバーに会ったんだけど、仕事も楽しくて、職場の人たちともうまくいってるって話してくれたんだ。うれしいよな。やっぱり受け入れ会社に、障害に理解のあるキーマンがいるのが一番大事だな」

「そうかもね。賢一くんは、その人とたまに会ってるの？」

「美咲さんのときの失敗もあったから、就職した人たちの会社には、定期的に通って本人の話と、直属の上司に会って話を聞くようにしてるんだ。そうすると、必ず失敗したり、空回りしている問題があって、小さなことでも早めに解決策を提案するようにしている」

「がんばってるんだね。ところで美咲さんは退院したの？」

「一度、退院したけど、また入院したみたい。よく知らないんだ」

「えっ、会いに行ってないの？　冷たいね」

「だってしょうがないよ。状態が悪くなって、障害が重くなっているんだから」

「障害が重かったら見捨てるの？　じゃあ、私や優介の事業所の利用者は、もっと障害の重い人たちがいるよ。その人たちは、賢一くんの言ってる『メインストリーム』とやらに辿りつくことはできないってことなの？」

「なにからんでるんだよ。見捨てたわけじゃないけど、一般就労が難しい人たちもいるっていうことだよ」

「なんか賢一くんの話を聞いてると、『メインストリーム』の一般就労の人が『勝ち組』で、生活介護や就労継続支援B型は『負け組』のように聞こえるんだけど。優介くんはどう思う？」

優介は黙ったままだった。

「『勝ち組』とか『負け組』とか、区別してるわけじゃないよ。ただ…そもそも就労移行と生活介護っていう制度が決まっているんだからさ。じゃあ言うけど、企業に送り出すことは、いけないことなのかよ！　安い工賃のままでいいのかよ」

「安い工賃のままでいいなんて言ってないよ。だけど一般就労、一般就労って言ったって、しょせんパートでしょ。つまり非正規じゃん。それがあんたのめざす『メインストリーム』なの？　それに、就労移行とか生活介護とか、制度でみんなの人生も決められちゃうわけ!?」

大きな声にまわりの客が振り向いた。気まずくなった二人は、それぞれジョッキに口をつけた。優介を励ます会だったのに、どうしてこんな話になっちゃうんだろうと、久美子は少し悔やんだ。

「企業で働くことがいけないなんて言ってないのよ。ただ、どこで働くにしても、一番大事なのは、本人の気持ちだと思う…、なんて言うか…」

言葉が見つからず言いよどんだ久美子に賢一は、

「オレは、本人の『普通に働きたい』、『もっと給料がほしい』っていう気持ちを大事にしているけど」

「それも大事。だけど、本人が幸せを感じられることが大切なような…。なんかうまく言えないよ」

「『普通に働きたい』っていう気持ちを叶えることは、本人にとって幸せなことじゃないのか」

「そんなことないよ、ただ、なんていうか…。企業だろうが、福祉の事業所だろうが、どこで働いていても、劣等感を感じないとか、落ちこぼれ扱いされないとか、前向きに生きようとする本人の気持ちを一番大事にしてあげるというか…。ねぇ、優介くんはどう思う？　さっきから黙ってばかりだけど」

まったく二人の会話に加わらなかった優介が、ようやく口を開いた。

「オレ、いまの仕事を辞めようと思う」

「えっ、優介、仕事辞めて、これからどうすんだよ」

「オレ、福祉の仕事に向いてないのかも…。自信ないし…、みんなの幸せなんて考えられないし…」

「何言ってんのよ。隼人くんが大けがしたとき、あんなに一生懸命支えてあげたじゃない。隼人くんがヨーグルトを食べることができた話は、わたし、感動したんだよ」

「それは、オレや久美子の感動であって、隼人くんにとっての幸せじゃないよ。そもそも事故が起こったこと自体、隼人くんにとっては不幸じゃないか。なぁ、久美子は、どうして今の仕事をしているんだ」

「…高校生の頃から、人にかかわる仕事がしたいって思ってたし…。できなかったことができるようになったときの、みんなのうれしそうな顔が大好きだからかな？」

優介は真剣な眼差しで、もう一度聞いた。

「それって、久美子の自己満足なんじゃないの？　施設長は、『自閉症の人は、とにかく落ち着いてパニックを起こさないようにするのが一番大切』って言うけど、それが幸せなの？」

「違う。自己満足なんかじゃないし、その説明もなんか足りないよ。みんなの自信に満ちた、うれしそうな顔がずっと続くことがいいんだよ。そうすると、少し難しい仕事にチャレンジできるし、失敗すると少しへこむけど、もう一度がんばろうって気持ちになれるんだよ。そんなときのみんなは素敵だよ」

久美子の話に、ハッと何かを感じながらも、優介の言葉は後ろ向きのままだった。

「自信のないオレが、そんな支援できるわけないじゃん。うちの事業所では、久美子みたいな話をしてくれる人いないし。ただその日を事故なく過ごしていればいい、そんな雰囲気で。最近は施設長の指示で、送迎の必要ない人まで送迎して、新規入所を決めるときなんか『手のかからない重い人がいい』なんて、施設長があからさまに言うんだ。それって送迎加算や公費が多く入るからだろ。あの職場、もう息苦しいんだよ」

「…でも、そんなふうに苦しむことができる優介だからこそ、障害のある人のホントの気持ちにより添うことができるんだと思うよ。だけど…働くって難しいね。それは企業やお店や、福祉の事業所のどこで働いても同じなんだろうね。やりがいがないと働き続けられないけど、やりがいがないからと言って働かないと食べていけないし、生きていけない…。働くってなんだろうね。それがわからないままで、『障害のある人の働くことを支えています』って言えるのかな?……」

久美子は優介を説得するための言葉を探したが、自らへの問いになってしまった。

みなさんの職場にも、久美子や優介、そして賢一のような悩みや疑問を抱えながら働いている職員がいませんか。障害者自立支援法（以下、自立支援法）が始まって以来、福祉の現場では、この3人のような衝突や迷い、そして優介が最後に告白した「本末転倒な現象」が数多く起こっています。

3人の会話のなかでは、障害のある人の働くことを支えるうえで、ズバリ的を射た発言もありました。しかし残念なことに、とても大切な考え方に誰も気づいていません。

このブックレットでは、あらためて重い障害のある人の働くこと、それを支えることについて、久美子や優介、賢一、そしてみなさんと一緒に考えたいと思います。

＊この本の本文に出てくる名前は、すべて仮名です。

第1章　ねことmaruとコトコト

ねこの約束

北川雄史

名古屋から電車で20分。ＪＲ岐阜駅の改札からほど近いところに「ねこの約束Ⓡ」というお店があります。「ねこのかりんとう屋さん」としておなじみのこのお店は、社会福祉法人いぶき福祉会が運営しています。かりんとうと並ぶ看板商品は招き猫の形をしたマドレーヌ。お店ができる2年前、今から7年前にいぶき福祉会で誕生しました。当時はこのネコがその後のいぶきのあり方さえも変えていくことになるとは思いもしませんでした。この出会いをきっかけに、わたしたちは作業所の仕事づくりの中で大切にしなければならないことをたくさん学びました。

これはささやかなモノづくりの物語から、そこからさらにひろげようとしている「コトづくり」の物語です。

■招き猫マドレーヌの誕生～うちにネコがやってきた

（1）出会い前夜

いぶき福祉会は「働く」ことを大切にしてきました。１９８５年いぶき共同作業所開所以来の作業は、紙袋に取っ手となる紐を通す作業。近所の工場からの下請けの仕事でした。工賃は紐を一本通して75銭。それは当時も今も変わることはありません。バリバリとこなす人もいましたし、細かい作業をするのが苦手だったり、工程が理解できなかったりして職員と一緒にゆっくりととりくむ人もいました。そこはとてものんびりと和気あいあいとして、それぞれのあり方がとても大切にされているとても平和な空間でした。

自主製品づくりにも熱心にとりくんでいました。開所した翌年にはかりんとうが誕生します。紐通しの下請け作業が苦手な人ができるクッキングのような形で始まりましたが、その基本的な製法は20年経った今も、大きくは変わらずに引き継がれています。その後も縫製品やクッキーなどなど、利用者がやりやすくて、バザーで買ってもらいやすい商品づくりにとりくんでは絞り込み、また作ってみることをくり返してきました。

１９９９年に、増え続ける利用希望者の活動の場所として「第二いぶき」ができます。とくに増えてきていたのは重度の身体障害と知的障害の重複障害のある人たちでした。ここでは下請けの軽作業にとりくむ一方で、自主製品のひとつとして草木染をしていました。この草木染は、いつか障害の重いわが子の仕事になるかもしれない…と、保護者の方々が習っていたものを職員が教わりながら始めたものでした。これが後に「百々染®」として大きなチャレンジにつながることになるとは思うはずもありませんでした。

百々染
momozome

その後しばらくしてから、第二いぶきでも製菓への挑戦が始まります。製菓の作業に携わることができた利用者はたった4人。不安いっぱいでの始まりでしたが、その時せめてもとこだわって入手した素材が岐阜県飛騨地方でつくられていた希少バターでした。上質で物語性がある素材を使うことは、自信を持って商品を扱うことにつながると考えたからでした。ちょうどその頃、これからの作業所では、市場に通じるような商品開発が必要になるという意識をいぶきに投げかけ続けてくださるデザイナーとの出会いがありました。焼菓子の試作をしては、その方にお届けして感想を返してもらう。そんなお菓子工房の始まりでした。

一見ばらばらのカード。でもその絶妙な交じり合いが、招き猫マドレーヌの誕生につながっていきました。

(2) ネコきたる

草木染のタオルハンカチや、パウンドケーキを作りながら、どうしたらもっと売れるようになるかと夢見るような模索をする中、「(当時まだ開港して間もない) 中部国際空港で草木染を売りたい」そんなことをつぶやいた職員がいました。今思えば、その一言から大きく何かが動き始めたのかもしれません。空港のある常滑市は、日本一の招き猫の陶器の生産地です。当時招き猫を活用した町おこしにとりくんでいて、そこに先のデザイナーも関わっておられました。そこで考案されていた常滑焼の伝統工芸士の技術を活かしたシリコン製の招き猫の立体型は、高価な金型をおこさずにオリジナル型が作れる画期的なものでした。にもかかわらず常滑ではそれを使ってお菓子作りにとりくむ人が現れず、そのままお蔵入りするかという事態になっていました。そこで、声がかかったのがいぶきでした。いつも届けられるあのこだわりのバターの風味が忘れられず、「もしかしていぶきならやってくれるかも…」と思ったそうです。

まずは挑戦したいと二つ返事で意気込むいぶきに届けられたものは、今まで見たこともない分厚いシリコンの型でした。その4時間後には、試作第1号が並んでいました。その表情がなんともかわいらしくて、思わず撮った一枚の写真に記録された日時は、「2007年2月20日19時13分56秒」。

セレンディピティ。求め続けることで出会いやすく、信じ続けることで叶いやすくなる。招き猫マドレーヌはそんな「必然」から生まれたものでした。人

を惹きつけたバターと招き猫のデザインとていねいな手作り感。それを目にするお客さんとのやりとりで、いい商品はいい人との出会いをつくってくれると気付き始めたのはこの頃でした。招き猫は縁起物。そしていつかこの猫が願いを叶えてくれればとの気持ちをこめて、みんなで「ねこの約束®」という名前をつけました。

（3）ネコにも超えられない壁はある

招き猫マドレーヌはわたしたちの予想を超える反響でした。2008年、きょうされん自主製品コンクールで金賞をいただいたり、新聞や雑誌にも掲載が続いたり。順風満帆のように思われましたが、早々に壁にぶつかることになりました。当時の生産能力は一日頑張っても200個あまり。大口の注文があればとても対応できるものではありませんでした。せっかく売れるんだから、頑張って作らなければならない。そうして職員も利用者も次第に生産に追われるようになっていきました。厨房を改修したり機械を導入することもできず、日々に追われるうちに、二次障害の懸念や疲労の蓄積なども目に見えるようになってきました。これだけ売れて自信を持てるようになってくる一方で、どこか売上の数字だけでは満たされない気持ちも抱えながら、このまま作っていたら、気持ちも身体も壊れてしまう。はたして、これはわたしたちが望んだことだったのだろうかと、そんな葛藤に包まれるようになってきました。

やがて、ひとつの大きな判断をすることになりました。ここではもう作れない…。ただ、わたしたちの選択は「出来る範囲でぼちぼちやっていこう」というものではありませんでした。もっと仕事をバリバリとやれる事業所に生産拠点を移転させることにしたのです。関わっていた4人の利用者と2人の職員に

は、せっかくここまできたのに、せっかく誇りを持ってシゴトができるようになったのにといったいろんな思いが交錯しました。でも、招き猫マドレーヌをもっとたくさんの人に届けられるように、別のメンバーに夢を託そう。ここまで育てて価値を作ってきたのは自分たち。そのご褒美は人とのつながり。パイプがあれば、あとはそこに何を流すか。そのつながりは残っているのだから、じっくりもっと育てよう。そう自分たちに言い聞かせたのでした。

２００９年春、招き猫マドレーヌの生産拠点は、第二いぶきの小さな工房から、工賃アップの補助金で整えた新しい工房へ移っていきました。

（４）モノづくりでいこう

招き猫マドレーヌを作ることを通して決心できたことがあります。それは、いぶきの仕事の軸はやっぱり「モノづくり」にしようということです。それも普段使いのモノ、日常の暮らしの中にあるモノを作ることです。それは、モノを作ることには四つの意味があると思うようになったからでした。

ひとつは、「所得保障の手段」です。作った商品を販売して、お金を稼ぐことです。残念ながら今の日本という社会では障害のある人もお金がなくては生きていくことができません。

ふたつめは「ひとりひとりが自己実現と社会的役割を果たす手段」です。やりがいとか誰かのためになることと言うこともできます。それは仕事に誇りをもつことにもつながります。

三つめは、「商品を通じて伝えたいことを伝える」ということです。モノは人から人へ渡ります。多くのメディアを通じて知ってもらう機会も増えます。デザインやパッケージを大切にする理由は、それによってお客さんに手に取ってもらいやすくなるからです。商品力があればあるほど、人から人へと物語が伝わりやすくなります。招き猫マドレーヌには三つのチャンネルがあります。ひとつはお菓子、もうひとつは福祉の商品、そしてもうひとつがネコです。とくにネコのチャンネルは強力です。いろんなドアからいろんな人が訪ねてくださります。

そこで四つめは、「人とのつながりを築く手段」です。買ってもらうこと、お話することで、いぶきはこれまでにない、いろいろな方とつながることができました。わたしたちは、障害のある人の人生を支えることが目的です。だから長くじっくり向き合ってもらうことが大切だと思っています。わたしたちは、人との出会いを重ねていくことを「縁紡ぎ」とよんでいます。

こうして、この四つの仕事の意味に気づいてから、いぶきでは企業からの下請け仕事をやめました。もちろん簡単なことではありませんでした。やめられない（やめない）理由は二つです。ひとつは代わりに何をしたらいいのか。あるいは作った自主製品が売れなかったらどうするのかという心配です。でも、それは作業所の職員が考えなければいけないこと。そもそもそれを職員の役割として位置づけられていないことが作業所自体の問題でした。もうひとつの理由は、利用者がせっかく慣れてできるようになったことを取り上げてしまっていいのかということ。もちろん利用者の気持ちはとても大切です。それを「取り上げる」ことは横暴だと思います。ただ残念ながら、おそらくその仕事は利用者さんが「選択」したものではありません。利用者が「一択」の仕事に向き合いながら折り合いをつけ、職員はそこに疑問を感じないまま工夫と努力を怠る形になってしまうのは、作業所にとっての不幸だと思っています。だからこそ、できるようになったことや仕事に対する思いを活かせる仕事を、一緒に考えることが大切だと思ったのです。

■次につながる気づき～壁の隙間からネコがみていたもの

（1）おらが街のクラブチーム

岐阜にもサッカーJリーグのクラブチームがあります。実はクラブ誕生からずっと、「縁起物の招き猫が、福と勝利とお客さんと、そして夢のＪ１昇格を招きますように」と、第二いぶきの仲間たちがホームゲームの前日に選手たちに招き猫マドレーヌを届けています。

勝敗に一喜一憂する利用者を見ながら、わたしたちに今までなかった感覚に気付くようになりました。ふり返れば、わたしたちはいつも「〜してください」と言い続けているような気がするのです。わたし＝してもらう人、あなた＝協力する人。求めるばかりの関係です。同じ町に暮らす人同士で、おらが町のクラブチームを応援するように、この街をどうしたいということを、純粋に地域の一員として語り、役割を担う。その気持ちがなんだかとても薄らいでいることに気が付きました。

ホームゲームのスタジアムで、全国から押しかけてくる相手チームのサポーターの姿を見ている地域の人が、「クラブのおかげでこの街も少しは人が来てくれる…」と話したことがあります。いぶきもそうなりたい。いぶきがあるおかげで岐阜の街が元気になった。いぶきのおかげでな…と言ってもらいたい。作業所は地域にとって大切な役割を担うことができると確信し始めました。

（2）福祉課じゃなくていいんですか？

作業所が地域の中で担うことができる役割。そんな意識を後押しする機会が突如やってきました。招き猫マドレーヌのファンでもあった方が、雇用関連の補助金を活用して、駅にお店を出さないかという話をくださったのでした。行政やまちづくり、商業ビルを運営する方々へと次々と話がつながり、ＪＲ岐阜駅の中央改札からほど近い一角への出店がトントン拍子で進みました。障害者の授産品販売拠点の整備という色合いが前面に出たこともありましたが、わたしたちの中で軸となったのは、むしろこの店を通して地域を元気にしたいということでした。ですから、障害福祉の担当課とともに商工労働・地域産業活性の担当課の方々とのやりとりが日々続きました。そこに並ぶ商品は、作業所の商品であろうとあくまで「県産品」であり、お店はその販売と発信の拠点。作業所はメーカーのひとつにすぎません。そのメーカーで大切にしていることのひとつが障害者福祉の視点だった…という図式です。いぶきは社会福祉法人だから福祉課とやりとりしなければならないという思い込みから抜け出し始めていました。

（3） 新しいつながり方～ネコの居場所

こうして2010年4月に誕生した「ねこの約束®」のお店。そこを軸にした人とのつながりは多様でした。福祉を応援する人たちはここでの商品販売で売上と誇りに思いを込めるようになりました。かりんとうを純粋においしいと思い、招き猫マドレーヌをかわいいと手土産にする人が人を呼ぶようになりました。

岐阜県はモノづくりが盛んな地域です。陶器、木工、和紙、刃物、竹細工、プラスチック、酒などの食品といった地場産業の中小企業がひしめいています。そして、決して楽観できない現状をなんとかしようとする意識をもっている企業ほど、自社の利益と同時に地域の元気の必要性を理解しています。この町が元気でなければ自分たちが幸せになれるはずがない。岐阜はモノづくりが盛んなのだから、それを軸に10年後20年後のために今何ができるかを考えなければならない。そんな語り合いがされる中に、「ねこの約束®」も次第に仲間に入れてもらえるようになりました。

そこで初めて気づくこともあります。とかくわたしたちは作業所の仕事づくりは特別なものと考えてしまいがちです。でも、地場の中小企業の抱えている課題と実は大きな違いはありません。むしろ恵まれているぐらい。自分たちのことを考えることは地域のことを考えること。それをホンキで考えている人がたくさんいるということがだんだんとわかるようになりました。

（4） 新しい軸

いぶきの理念のひとつは「どんな障害のある人も、安心してゆたかに暮らせる地域を作る」ことです。障害のある人をどうするかではなく、地域づくりにとりくむことがみんなの幸せにつながると考えています。それでもどうしても「障害のある人にこうしてほしい」という気持ちが前面に出てきてしまったりします。

ただ、仕事づくりは難しく思えるかもしれないけれど、地域づくりはもともとやりたかったこと、そして得意なことのはずです。利益をあげ、数値目標を追い続けることを至上とすることへの抵抗感はなくなりませんが、目的はそれではなく、地域を作るということだと視座を変えてみるだけで、肩の力がすっと抜けていくような気がしてきます。

招き猫マドレーヌをつくる過程で、わたしたちは仕事の意味は「所得保障」「やりがいと誇り」「社会発信」「人とのつながり」の四つあることに気がつくようになりました。そしてそれを新しい他の仕事づくりの条件にもしてきました。でも、それはまだまだ、あくまでわたしたちにとってという内向きの話にすぎませんでした。その段階を第一ステップだとするならば、ねこの約束から始まった第二ステップは、ベクトルの向きがまるで反対です。「わたしたちはこの町に何ができるのか」ということです。

わたしたちだからできることがあるのではないだろうか。そういう思いから、いぶきの仕事づくりの軸がまた新たに加わりました。それが「かけがえのない存在」というものです。

■かけがえのない存在

（1）3つの輪と5つの手

「かけがえのない存在」とは、ただ代わりのいない大切な人という意味ではありません。あなたがいないと困るんだと周りから求められることと、あなた自身が自分がいないと周りが困るんだと自覚するというふたつの関係がきちんとそろっている状態のことをいいます。わたしたちが仕事づくりを考える時に、そういう社会や周囲との関係性を大切にしていこうと考えました。

個人が作業所の中で、そして作業所が地域の中でかけがえのない存在であることを大切にしていくことで、一人ひとりが地域の中で認め合える存在になるのではないかと思っています。そのために、個人と作業所がどうあればいいのかを考えてみました。その先におのずと「わたしたちがこの町にできること」が形になっていくのだと思いました。

まず、個人と作業所との関係です。ある人が休んでしまったとします。その時に作業所では「困ったなあ、○○さんがいないとあの仕事は誰がやるんだ?」とか、「来てくれると助かるんだけどなあ」という思いがめぐるでしょうか。あるいはその人は「わたしが休むと○○さんが困るから、行かなくちゃ…」という気持ちが湧いているでしょうか。たくさんの作業量をこなせるかどうかではありません。ひょっとしたらその人の存在や後ろ姿を見せるだけでも作業所の空気が変わることは珍しいことではありません。そういう役割がきちんと一人ひとりに明確で、位置づけられていることを意識するだけで、いろんな仕事が生まれてきます。

つぎに作業所と地域との関係です。作業所が地域の中でできることは実に多様です。多様すぎて何がしたいのかがわからなくなってしまっているところもあります。それをわたしたちは五つの手といいます。作り手、買い手、売り手、伝え手、繋ぎ手の五つです。

規格外の野菜や果物をていねいに加工して作ったジャム、機械による大量生産では出せない食感のかりんとう、生産者が離れ荒れ放題だったところを根気強く手入れして摘んだ在来種のお茶などなど、人と場と時間をかけるわたしたちだからできる「作り手」としての役割。関係者や支援者だけではなく公的機関や企業などから協力いただける結びつきがあるからこそ可能な「売り手」としての役割。そんなわたしたちの活動そのものが記事になったり、あるいは後援会といった支援者ネットワークの「伝え手」の意味、そしていぶきでいうなら利用者と職員あわせて毎日250人が活動する事業費をはじめとする「買い手」としての効果、そして何より、モノ・人・場・コトを介して交流を生み出す「繋ぎ手」としての役割です。

例えば岐阜という町の中で、いぶきやねこの約束が、「あなたたちのおかげでね」と言ってもらえる場面がたくさんあり、そのいぶきの中では一人ひとりが頼りにされて、役割と居場所を感じることができる。その一人ひとりは、きっと岐阜の町で当たり前にゆたかに安心して暮らすことができ、自分たちも主人公だと思えるのではないだろうか。そんな気がしています。

ところで、「かけがえのない存在」は作業所の利用者だとは、実はひと言もいっていません。地域の一員、作業所の一員という観点からするならば、利用者も職員も関係ありません。利用者も職員も誰もが、かけがえのない存在でありうるための仕事づくり。それは障害の程度や種別やできることで線をひかない「仕事」のあり方の追求です。これが、いぶきのもうひとつの挑戦のカタチです。

■障害の重い人のシゴトづくり

（1）草木染から「百々染®」へ

第二いぶきの草木染は、保護者が「いつかこの子たちの仕事になるように」と職員に提案をしてくれた商品でした。その販路拡大の議論が、招き猫マドレーヌ誕生につながっていったことは先述のとおりです。

当時の草木染は、近くで採ってきた刈安や栗や桜などの植物、藍や茜といった仕入れた染料などを使ってタオルハンカチを職員が利用者の手をとりながらゆっくり浸して染めるような作業でした。すこしずつ染めるので、染める人や日によって濃淡やムラがでてしまい、なかなか色合いをそろえることができませんでした。考えてみれば草木染は素材や時期、染め手によって色や風合いがちがって当たり前のものです。それを一定の枠の中に、しかも利用者の個性を抑えこむような方向で作ってよいものができるわけがありませんでした。それでも、工業製品に迎合するようなイメージを基準に、一定の規格内に収めようと「努力」を続けていました。あわせて、最重度の障害のある方が、おだやかに楽しみながら作る活動は続けていきたいと思っていました。あとは、売れる商品にしたい。そんな中で、２０１１年12月、第二いぶきで染めた草木染のタオルハンカチは岐阜県産品のテストマーケティングで東京のインテリアセレクトショップに並びます。当時の品質ではちょっと考えられないようなチャンスなのですが、それは、招き猫マドレーヌと「ねこの約束」で築いたネットワークがあってのことでした。ところが、２週間での売上は７枚。今後の展開の可能性に対する評価は事実上「不適」相当のものでした。あきらめるしかないのか…そんなわたしたちに思いがけない機会が与えられました。これまでのように民間企業と障害者施設の商品を分けて考えるのではなく、ひとつの県産品の枠組みのなかで、開発の支援をしていく方針を岐阜県が示したものでした。それはこれまでのいぶきのモノづくりの考え方が認められたことを意味していました。そうして翌２０１２年の岐阜県商品開発支援事業で「百々染」誕生への道が始まりました。

（２）百々染の原風景

「世界でたったひとつの草木染～いろんな人がいろんな色でつながりますように」

これが百々染にこめられた思いです。そこには、作り手たちがさまざまなカタチで草木染の作業にかかわっている様子が浮かびます。同じ色がふたつとないことを、喜び合う風景があります。

あるとき、あるモノづくりのアドバイザーの方が、草木染の工房を見てこんなことを言いました。「これだけ手間と時間をかけて、これだけひとつひとつ違うものが日々生まれてきて、作り手が一生懸命、しかも楽しそうにモノづくりをしている現場なんてそんなにたくさんあるものじゃないね」しかも、染めている様子だけではなく、散歩の途中で季節の草花を採ってきていること、庭の花を持ってきてくれる地域の人がいること、どんな色が出るかやってみないとわからないことなど、いろんなことが、まさに「ありえない」ことの連続だったそうです。「みなさんは、すごいことやっているんですね」としみじみと言ってくれました。

第二いぶきにとっては、ごく普通の日常の風景。楽しいし、のんびりしているし、とてもモノづくりの現場だとは恥ずかしくて言えないレベルだと自分たちでは思っていました。そんななかで先のアドバイザーの方の話は、スタッフにとっては目からウロコがおちる話でした。同時に、それを聞いた途端に、これでいいんだ…と肩の力がすっと抜けたことを覚えています。今まで利用者の仕事のできていないところばかりを探していることに、わたしたち自身が無意識に苦しんでいたのかもしれません。

障害者の作業所に限らず、日本中のモノづくりの現場の人たちが「自分たちの価値に気が付いていない」と言われています。ねこの約束以来つながった地域のメーカーや研究に関わる人たちが、「ここには、他の人が決して真似できない価値がある」と口をそろえて言います。自分たちの価値がわからないだけではなくて、職員が利用者のシゴトの価値を信じていないのかもしれません。

根底からいぶきのシゴトに対する価値観が変わった瞬間でした。

百々染が生まれてからの第二いぶきでは、いろんなことが変わりました。毎朝の散歩は、季節の草花のほころび具合を調べたり、採って集めてくるシゴトになりました。一日5枚しか作れないことは、希少価値なんだと思うようになりました。記念写真でしかなかったスナップ写真は、買い手に作り手の今をつたえる写真になりました。染まり方の違いは、それがひとつしかないことの印になりました。利用者は、一人ひとりの名前と顔がつたわる作り手になりました。支援者ありきの職員は、自らも含めた作り手たちみんなの役割を作り、伝えるプロデューサーになりました。そうやって、工房の風景のひとつひとつが、いろんな人に話したくてたまらなくなる宝物になっていき、そして、草木染の作業室は、みんなのステージになりました。

ステージのテーマは、人もモノも時間も、みんなが「かけがえのない存在」であること。それが百々染の風景でした。

百々染をはじめてお披露目した時の一文に、次のような文言があります。

…いろんな人と人が、今日もたくさんの色でつながりますように。

「百々染～momozome～」にはそんな願いが込められています。

草木をとってくる人、それを細かくちぎる人、染液を煮出す人、お湯をくむ人、布を浸す人、絞りを入れる人、布を干す人、アイロンをかける人、台帳をつける人、写真を撮る人、ブログを書く人、それから…

今日も、百々染の工房ではいろんな人が、その人ならではのシゴトをして、おだやかな時間が流れています。

…第二いぶきの作り手たちのホンモノのモノづくり
この街で暮らす仲間たちの笑顔あふれるコトづくり
自然の素材で彩った小さな一枚を通して
そんな百々染の風景をお伝えできれば幸いです…

■モノづくりからコトづくりへ

百々染のシゴトづくりは、モノからコトへと、わたしたちの価値感の対象をひろげたのではないかと思っています。価値にならないどころか、ネガティブに決めつけていたことが、視座を変えればとても魅力的に感じられることへの気づきです。

授産商品の発展のイメージを図表1と2にしてみました。簡単にいうと物事は螺旋的に発展するというイメージです。これを授産商品にあてはめた時に、わたしたちは今ステージ3.0にさしかかっているのではないかと思います。ステージ1.0は、福祉を前面に出して、自分たちが頑張って作ったことを商品価値として、同情で買ってもらう段階です。悪いものを販売するわけではありませんが、そこで語られる品質や顧客満足は一般市場の感覚からは大きく異なります。ステージ2.0はそこから抜けだそうとする段階で、市場に通用することが基準になります。ステージ1.0で前面に出した反省から、授

	STAGE		
	1.0	2.0	3.0
品質	それなり	市場で通用	市場で通用
動機	同情・協力 「買ってあげる」	必要・欲求 「ほしい」（物）	必要・欲求 「ほしい」 （もの＋共感）
場面	バザー	ねこの約束	東北支援
付加価値	頑張った （生産者の自己満足）	地元産、希少 高級、こだわり （購入可） 流通・デザイン主導	コミュニティ （参加、絆） （買えない） 作り手・伝え手 売り手一体

【図表1】Social Products 3.0

産商品であることを出さなくても売れるにはどうしたらよいかが重要視されます。おのずと作り手＝障害のある人を隠し、地元産とか、こだわりといった市場でもてはやされる付加価値を追いかけることになりました。結果として価格競争や商品開発競争に巻き込まれ淘汰されることになってしまっています。ステージ3.0は、それでいいんだろうかというふと立ち止まったことがきっかけだと思うのです。もちろん品質は落としませんし、お客さんが欲しいと思えるものでなければいけません。でもお客さんは、作り手の姿や背景への共感や、応援したくなるような一体感、つながりというものを求めてきていると感じています。そして、作業所の現場にはそういうコトが山のようにあふれています。それをていねいに伝えることが、作業所のモノづくりの価値を高めていくのではないだろうとかと思っています。それは福祉を売り物にしたステージ1.0とはまったく違います。とても魅力的なモノづくりの現場が、たまたま作業所にあって、たまたまその作り手が障害のある人だったというだけのことです。

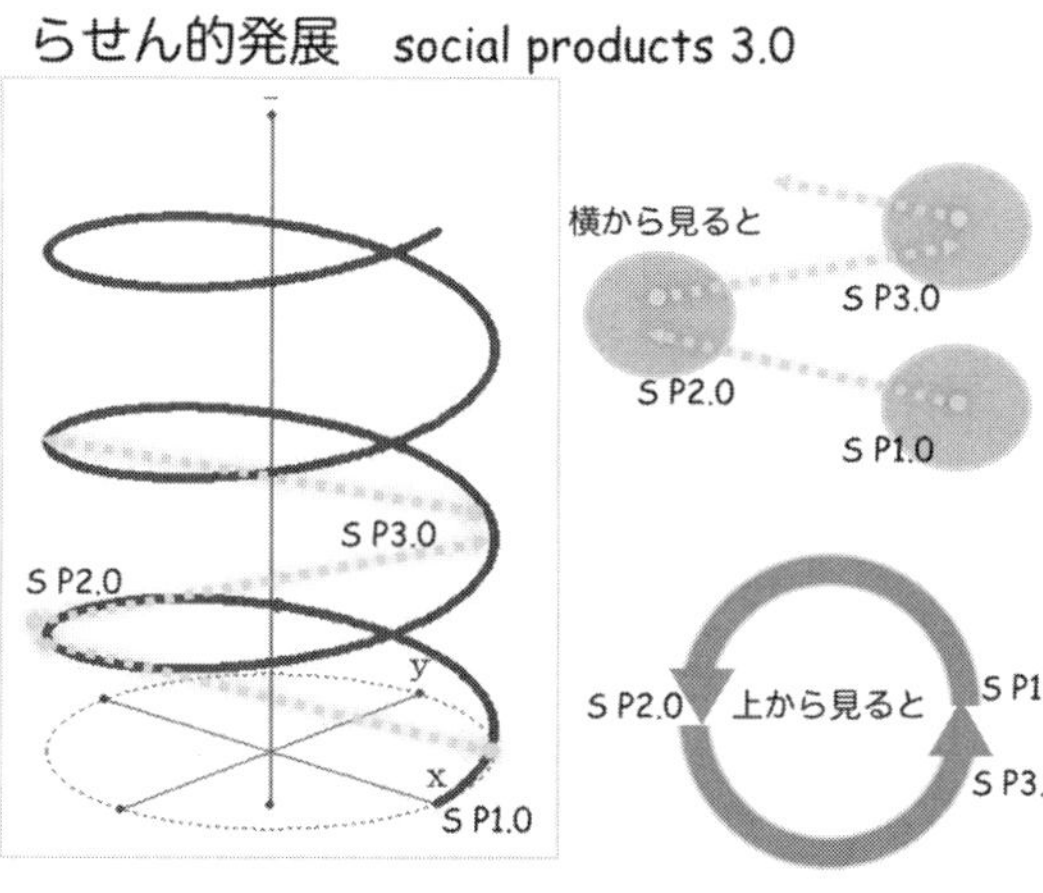

【図表２】螺旋的発展のイメージ

　螺旋は上からみると同じ所をぐるぐると回っているように見えます。また時代に逆行しているように思えることでも、視座を変えて、横から見るとジグザグにステップアップしている。わたしたちの現場はそれができると思っています。一般企業が欲しいと思っても持てないような環境や宝物が目の前にあるのに、気づかないのはあまりにもったいないと思うのです。

■約束～みんなの幸せプロジェクト

招き猫がやってきてから、かれこれ8年がたとうとしています。この間、実はずっと焦ってやってきたような気がします。障害の重いとされる利用者もたくさんおられる中で、間に合わなかったらどうしよう。そんな気持ちに追われることも少なくありません。

ねこの約束を開店する頃に思いついたフレーズがあります。

「Not win-win relationships,but happy-happy partnerships!」

win-win の関係という言葉が使われるようになって久しくなります。でも、わたしたちのまわりにはあまりそぐわない言葉だと思っています。勝者の横には必ず敗者がうまれます。でも勝ち組なんていらない。いぶきだけがよくても何も意味がない。作業所は日本中にあるのです。

後に、happy-happy という言葉はウォルトディズニーが好んで使ったということを知り、少し安心した覚えがあります。ブランディングとは、名前やロゴを決めることではないと教わりました。そこに何をこめるかということ。だとしたら、わたしたちは「ねこの約束」というブランドに、そんな焦りを乗り越えようとする決意とみんなの幸せと希望を、これからも込め続けていきたいと思います。

maruの作業は「仕事」と言えるとかいな?

吉田修一

「障害のある人、ない人」と区切らない社会にしたい。障害のある人を「かわいそう」としか思えないような、腫れ物に触るようにしか関わることができない存在ではなく、「人と人」というとてもシンプルな関係を、ふつうに育むことができる世の中にしたい。そんな社会に変える「場」にしたい。

「工房まる(maru)」はそんな思いではじまりました。

まずは、障害のある人や作業所が、いろんな人たちにとって特別な存在から日常的な存在になっていくこと。そのためには人や場の魅力を引き出すこと、できないことをがんばってできるようになるというより、できないことは「できない」として、「それが何か問題でも?」ぐらいの気持ちでいられること。それぐらい開き直ったうえで、できることを見つけたり、逆に世の中がビックリすること、おもしろさや楽しさ、カワイらしさやカッコよさ、そんな物事を出して行こうよ! そんな気持ちでした。

そうしてさまざまな物事にチャレンジする中で、深く考えなければならないこともありました。この仕事の意義、一人ひとりの願いや思い、それに対する支援やそのあり方などもそうですが、福祉の世界で日常的に使っている言葉の意味、例えば〝障害〟や〝福祉〟、〝仕事〟や〝労働〟、〝自立〟。わたしたちの中では日常的に使っている言葉ですが「〝福祉〟って何ですか?」と尋ねられても、スッキリした答えがでる人はとても少ないと思います。同じ職場でもそれらの言葉の意味合いを共有できているか、というと、みんなまちまちです。〝労働〟もそうです。ここでは〝はたらく〟といいましょうか。作業所ではとくに〝はたらく〟って大事です。利用者さんには「今日もがんばって働こう!」って声をかけていると思います。でもスタッフに「あなたにとって〝はたらく〟とは何ですか?」と問うと、スッキリした言葉はなかなか返ってきません。そうした状況に気づきを与えてくれたある知人の問いがありました。「maruについて〝福祉〟や〝障害〟という言葉を極力使わずに説明してみて」。かなり戸惑いましたが、その知人がいわんとしたことは、わたしたちが一番大事に話さないといけない、知ってもらわないといけないところを、あるいは一番ていねいに伝えないといけないところを〝福祉〟や〝障害〟、〝働く〟という言葉で端折ってしまっていないか、ということです。

わたしたちは当時としては少し珍しいアート活動を通じて〝はたらく〟について考えてきました。

■アートをやるために〝アート〟をしているわけではない

maruは、18年前の開所当初から〝アート〟を柱に活動してきました。でもわたしたちは、アートをやるために〝アート〟をしているわけではないのです。

それはこういうことです。

maruにはアートをやりたいという前に「その人らしい生き方を探求し、それを形にしていくこと」という活動目的があります。さらにそこに3つの目標があります。ひとつは「その人らしい生き方が尊重されるコミュニティの獲得」、ふたつめは「その人らしい生き方が選べる選択肢と自由の創出」、そして「その人自身の何かしらの役割や仕事を見出す」ことです。これらを包括的に、より効果的に目標に向かう活動が、絵画や陶芸、木工や詩作などの創作・表現活動＝「〝アート〟活動」なのです。だから目標が形になるのであれば、アートにこだわる必要はないとも思います。しかし、アートをすることで、その人自身が自ら動き出す機会が生まれ、視野や価値観がひろがることがあります。人との出会いが生まれ関わりがひろがります。生

作品という姿に変わり、
存在は生き続けていく

み出された物事が、仕事に変わって報酬を得ることもあります。〝その人〟から生まれる物事、その可能性のひろがりや奥深さにとても魅力を感じています。また他の作業や仕事と比べると明らかに際だっているところがあります。それは、〝個〟の存在を他者に強く深く印象づけることができ、〝気になる存在〟にさせることです。

障害のある人が権利をかち得てきた歴史の中で、「障害者」という言葉は時に必要だったのかもしれません。でも障害のある人と関わるきっかけも、一緒に過ごす時間もとても少ない今の社会で、「障害者」という言葉は「一人の人」という姿を想像させる力があるでしょうか。本当は障害のある人も一人ひとりそれぞれですが、「障害者」という言葉でひとくくりにすることで、個性への感心を希薄にさせているのです。障害者問題に限らずすべての人権問題の根底には〝個〟の存在への関心の希薄さがあり、想像力に欠けています。アート活動はその点に対して〝いい感じ〟でアプローチすることができるのです。

■ maruの誕生

maruのある福岡市は九州北部に位置し、〝アジアの玄関口〟と称される九州の中心都市です。全国的にも〝元気な都市〟〝住みたい都市〟などのアンケート調査等で上位に挙げられ、最近は移住者も多くとても人気のある街です。

maruは無認可作業所として1997年に開所しました。2007年3月にNPO法人を設立し、現在、「野間のアトリエ」「三宅のアトリエ」「上山門のアトリエ」の3つの作業所（生活介護・就労継続支援B型の多機能、定員40名）で構成されています。

maruはまったくゼロからのスタートではありませんでした。ある無認可作業所を引き継ぐ形で開設しました。その作業所は主に重度重複障害のある人を対象とした作業所で「作業をする」ことが活動の柱でした。

だから「障害が重くても働く」は当たり前のテーマとしてありました。しかしさまざまなおかしさに直面します。

その作業所では木工製品を作っていましたが、その実態は作業のほとんどを職員が行なっていて、それをすべて利用者が作ったかのように謳っていました。また「障害者が一生懸命作った物だから買ってください」と、人の情に訴える販売は常でした。製品の価値とはまったく関係がありません。作業する＝〝はたらく〟ことが大事としつつ、実際には〝はたらく〟をデフォルメしていました。そうしたやり方は販売している製品だけでなく、作っている障害のある人の存在自体をマイナスにイメージさせると感じていました。

でもこれはその作業所だけが特別だったのではなく、とりたてて「おかしい」と思う人は少なかったかもしれません。そんな〝はたらく〟という価値観にさまざまな疑問を感じ「どうにかして変えられないか」という思いが日に日に大きくなっていきました。

当初作っていたマグネット。これにいろんな思いが込められていた

maru を開所した後、スタッフに美術系大学卒の人が新たに加わり、木工作業を継続することにして、まずは製品を考え直しました。条件としてはすべての工程でメンバーが関わっているもの、あるいは関われるもの、買う人が「これいいね」と手にとってもらえるもの、気軽に購入できるものなどとし、メンバーが描いたポップな絵を用いたマグネットや、カラフルな壁掛けの丸時計を作るようになりました。それをセンスの良い雑貨店で委託販売したり、バザーで販売するなどしました。評判も良くて maru を象徴する製品となりましたが、「maru は働く場所です」「maru の利用者は働いています」というには自信がありませんでした。

ひとつは工賃の問題でした。メンバーは毎日一生懸命作業してました。製品の評判は良かったけれど、そんなにたくさん売れるものではなく、時給に換算すると50円にも満たなかったのです。ふたつめはいろいろと工夫したけれど、どの作業にも参加できない障害の重いメンバーがいました。手を添えて一緒に作業したこともありましたが、本人はまったくその気がないような感じで、強引にさせている感は否めませんでした。結果、工賃からみても〝はたらく〟というには負い目を感じ、さらにはその言葉がmaruのメンバーの中に「できる人」「できない人」という線引きをすることになっていました。「障害者」と「健常者」を分け隔ててきた社会での〝はたらく〟や〝自立〟観からすれば、「できる」「できない」と線引きしてしまうのは当然のことだったかもしれません。

その後、木製品づくりの合間に「アートDay」と称して定期的に絵画制作を行なっていましたが、2002年に現在地に移転し、一人ひとりのスペースがひろがったこともあって、絵画制作といった一人ひとりの表現活動を行なうことが主流になっていきました。

■「表情している顔」展

「hiroshiさんの個展をウチで開催しませんか?」移転してしばらくした時にギャラリーを運営する知人からお誘いを受けました。「えっ個展ですか? 本当に良いんですか?」とそんな反応をしたと思います。hiroshiさんが移転前の作業所の「アートDay」で描いている絵は、絵の大きさと線の太さのバランスが悪く、なんかゴチャっとしててお世辞にも「いい絵だね」とは言えませんでした。場所が狭く机の上以外では描けず、その机さえも隣の人の肘があたるぐらいの狭さで、おのずと絵も小さくなっていました。移転後は一人ひとりのスペースが格段にひろくなり、彼は床に座って大きな紙に絵を描くようになりました。するとみるみるうちに彼の絵が〝気になる絵〟に変化していったのです。知人の高い評価があってとてもうれしかったのですが、個展など簡単にはできるものではありません。障害者だから特別扱いされているんじゃないか、という懸念が払拭できませんでした。でもそればかりを気にしていても仕方がない、せっかくの機会だからやってみよう、ということになったのです。

作品数は約15点。ほとんどが人物画です。個展タイトルはhiroshiさんが命名し「表情している顔」になりました。作品を一つ一つていねいに額装していきました。額に入ると絵の良さが増します。さらにギャラリーの壁に設置すると、その空間は紛れもなく〝アーティスト〟の個展会場になりました。「エイブル・アート」のとりくみを、maruが中心となって開所して間もない頃から福岡でひろげていたこともあり、maruを知る人が増えていました。福祉関係者はもちろん、アートに関心のある人々が、わたしたちの関係者も含め多数足を運んでくれました。オープニングパーティーにも多くの人が参加してくれました。

hiroshiさんの個展会場。彼のアートとともに穏やかな時間が流れていた

今でも印象に残っていることがあります。今までまったく障害のある人と関わりがなかった人々が、hiroshiさんに話しかけ、hiroshiさんは発語ができないのですが身振り手振りで会話していました。いつしかhiroshiさんを囲んだ人の輪ができていました。その光景は私が求めていた〝変化〟でしたが、それが目の前にあることの驚きとうれしさ、これからもっと変わる、という期待が膨らんだ瞬間でした。

この個展成功を期に、何かにハッとしたのか、うらやましいと思ったのか、maruのメンバーは次々に絵を描きたいと言いだし、みんなが絵を描くようになっていきました。メンバーにとってもスタッフにとっても大きな刺激を与えられた個展でした。

■「maru の仲間の作業は〝仕事〟と言えるとかいな?」

ある日、「maru の仲間の作業は〝仕事〟と言えるとかいな?」と他の作業所職員から質問をされました。「表情している顔」展から数年。maru のアート活動はますます活発になり、作品出展の依頼やお店とのコラボイベント、他のメンバーの個展開催など、作品の出品が増えていた頃です。

その職員曰く、「仕事」は「役割」であって、例えば、家族が一緒に暮らす中でも、風呂掃除や廊下拭きなど、子どもに課せられる役割があって、そこにお金が発生するわけではないけれど、だから集団生活の中でその人の何かしらの「役割」は「仕事」と言えるんだ、と。その職員が働く作業所は下請けの箱折り作業をしていて、箱折りのいくつかの作業工程を、利用者それぞれができることを分担しあって一つの箱ができて、だから「仕事」だといえる、と。しかし maru では絵画とか陶芸とか、それぞれがやりたいことをやっていて役割分担がない。だから工房まるの利用者が行なっていることは「仕事」とは言えないのでは、ということでした。

「役割」が「仕事」であるということにまったく異論はありませんでした。しかし maru のメンバーがやっていることは「仕事」ではない、ということには納得できませんでした。

確かに maru の活動はメンバー一人ひとりそれぞれ。maru の中で役割分担をもって何かを作るという作業ではありません。でも、メンバーが描いた作品が何かの冊子イラストやTシャツといった商品に使用されたり、作品の出展の依頼があったり、世の中のさまざまな場面でそれぞれのメンバーが役立っていることは明らかです。そう考えた時に、maru では作業所内でなく、社会とのつながりの中にその人の〝役割〟があって、それを見事に果たしている、ということに気づきました。メンバーの個展は、企画から開催まで内外問わず、さまざまな人がそれぞれの役割を果たし、そして「展覧会」という形になっています。しかもメンバー

アートライブ。自分に課せられた〝役割〟を果たす時

楽しいこともあるけれど、悩み、苦しみ、いろいろな思いで描き上げる

はその中心です。

そうした考えを巡らせているうちに、ふと私の中にも疑問が湧きました。下請けで組み立てた箱は何に使われるのか、ということです。その職員に聞くと、それはよくお土産屋さんで見かけるお菓子の箱でした。そうすると最後は売り物としての〝お菓子〟が完成形です。ということはこの〝お菓子〟には、作業所で箱折りをしている仲間だけでなく、工場の人をはじめ、営業、運搬、販売、最後はお菓子を買う人など、たくさんの人々が関わって物事が成り立っています。私はこの関わりを意識できていないことが、とてももったいない気がしました。一番大事なところだと思ったからです。また、こういう関わりの実感を得てこそ〝社会参加〟と言えるのではないかとも思いました。そのとりくみとして、関係者を集めて年に1回でも、例えば忘年会でも開いたら良いと思いました。

こうしたつながりの中で自分たちが仕事をしているということを知るか知らないかで、仲間の箱折りへのやりがいや、自らの役割に対する誇りの持ち方がまったく違ってくるはずです。

さまざまな場面で耳にする「社会参加」や「はたらく」あるいは「かけがえのない存在」という言葉に何が足りなかったのか、徐々に気づくことができました。それは「作業所」という枠を越えたところの、作業所からつながる地域や社会との関係性や、そこでの自らの役割とその価値の〝実感〟です。高い給与を望むことは大切なことですが、その金額だけが作業の価値ややりがいを決定づけるものではありません。また作業所内の〝はたらく〟をもって「社会参加している」と言うには不十分です。作業所が請け負う仕事と、その他の仕事に金銭的な差は確かにあるかもしれません。しかし一つの物事を成す際に、自分の役割と他の人の役割、そのどちらが欠けても物事は完結しません。そういったお互いの「かけがえのなさ」においては価値は同じです。作業所で働く人も、一つの物事を作る一員として、その役割と価値を実感できることが大事だと思うのです。その実感を持って〝はたらく〟ことができたら、日々はもっと充実し、ゆたかになるのでは、と思います。

■企画展「maruworks」の開催

２００５年３月に「maruworks」という展覧会を福岡県立美術館で開催しました。それまでの展覧会はmaruが開催したといっても他からの誘いがあってのことで、自ら企画し開催するというものではありませんでした。だから受身の状態はもうやめて、もうそろそろ自ら一歩踏み出そうと思って企画しました。当初はmaruの展覧会として利用者だけでなく、スタッフやおつきあいのある関係者も作品を作って展示する、今でいうインクルーシブな状況を作り出したいという思いもありました。

開催が差し迫ってきた２００４年の年末。展覧会のディレクションをそれまでいくつかの展覧会の企画や、maruのデザイン的な面で協力してもらっていたデザイナーにたのみました。あらためての企画会議が催され、メンバー、スタッフともにどんな作品を作り、出品するか、その程度のことしか考えていなかった中で、彼から「そもそもmaruは何をしたいのか?」「何のために展覧会をするのか?」「maruは何を伝えようとしているのか?」ということを突きつけられ、彼の問いにすぐさま答えられませんでした。さらに「そんなことが明らかでない中で展示の構成なんてできないし、ただ〝カッコよく見せたい〟ってだけで丸投げされても困る」「maruのメンバーは個性あふれる人がいて、魅力的で、こんなおもしろい人々をもっと知ってもらいたい、それだけ?」「maru の日常は社会にとっては非日常な世界だよ。ほとんどの人が maru のことはおろか、障害のある人のことを知らない。だからこそていねいに伝えなければならないんじゃない? maru は何を目的に活動し、何をしたいと思っているの? 社会に対してどうしたいのか、どうしてほしいの? メンバー一人ひとりは何がしたいと思っているのか、それには何が必要なのか、社会に何を求めていくのか? そこをていねいに拾い上げて、何を展示するのか考えなければいけないんじゃない?」と問われました。

そこで、彼の提案ですべての利用者に対して三角形の関係図(図1)を用い、maru や社会との関係性において、何を求め、何が求められるのかなどを一人ひとり考えることにしました。また maru は何をしたいのか、何を築いてきたのかなどをあらためて考え、思いを表すことになりました。最終的にはメンバーの作品はもちろん、maru の歩み、これまで形にしてきた物事、人との関わりなど、一人ひとりの仕事、maru の仕事を丸ごと会場に表現することになりました。いつも使っている作業テーブルを美術館の会場に持ち込み、メンバーが美術館にある

図1

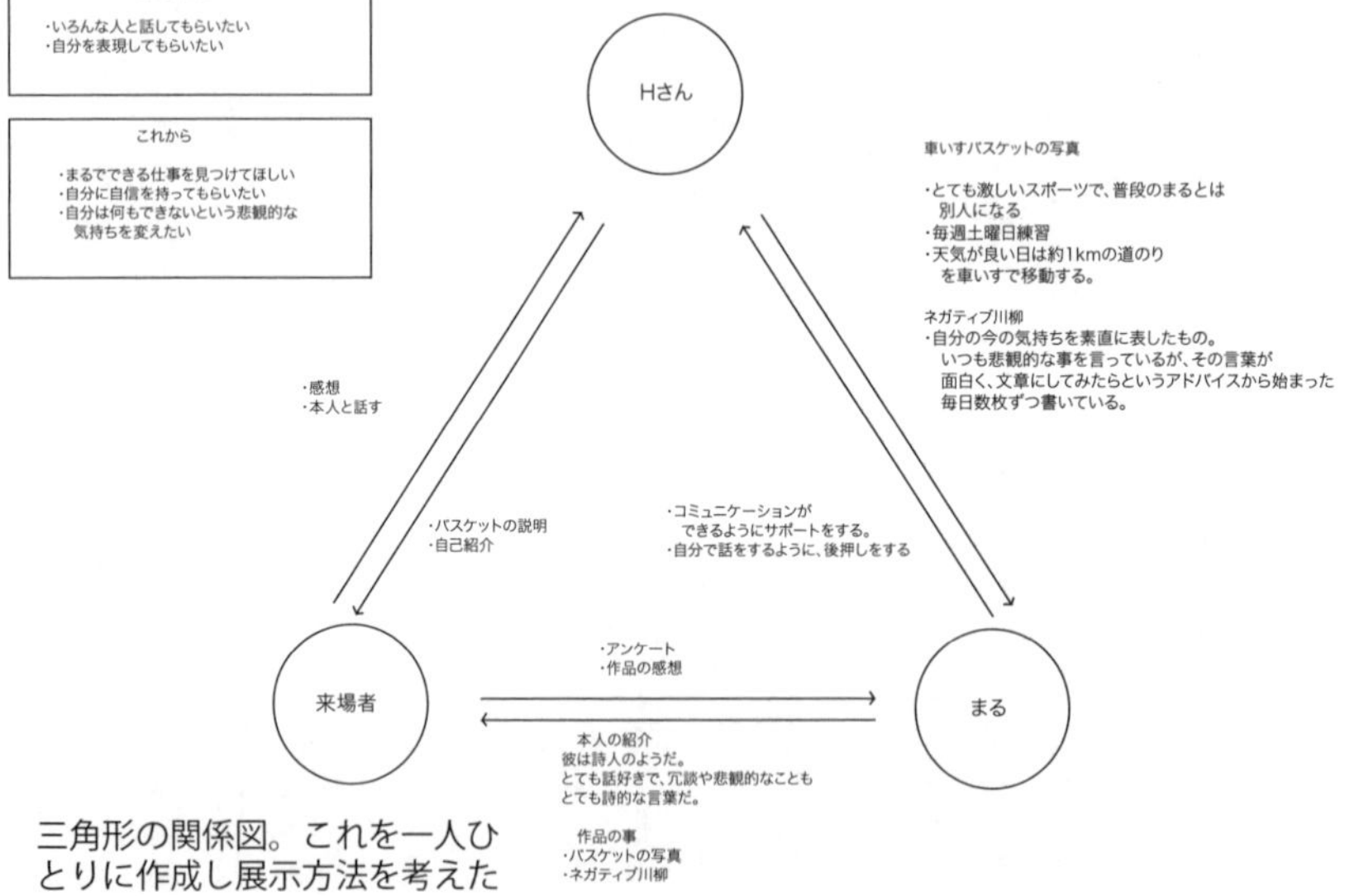
展覧会では
・いろんな人と話してもらいたい
・自分を表現してもらいたい
これから
・まるでできる仕事を見つけてほしい
・自分に自信を持ってもらいたい
・自分は何もできないという悲観的な気持ちを変えたい
Hさん
車いすバスケットの写真
・とても激しいスポーツで、普段のまるとは別人になる
・毎週土曜日練習
・天気が良い日は約1kmの道のりを車いすで移動する。
ネガティブ川柳
・自分の今の気持ちを素直に表したもの。いつも悲観的な事を言っているが、その言葉が面白く、文章にしてみたらというアドバイスから始まった毎日数枚ずつ書いている。
・感想
・本人と話す
・バスケットの説明
・自己紹介
・コミュニケーションができるようにサポートをする。
・自分で話をするように、後押しをする
来場者
まる
・アンケート
・作品の感想
本人の紹介
彼は詩人のようだ。
とても話好きで、冗談や悲観的なこともとても詩的な言葉だ。
作品の事
・バスケットの写真
・ネガティブ川柳

三角形の関係図。これを一人ひとりに作成し展示方法を考えた

〝アトリエ〟に通所して作業するということもやりました。こうして中身が決まり始めたこの展覧会タイトルは、「maruworks」と決まったのです。

　そこでまた議論になったのは「maru が考える『works』とは?」ということです。議論の末に次のように定義しました。「『広い社会に刻む一人ひとりの足跡』。いくつであっても、何を生業としていようとも。大切なのはその人が仕事や作品づくり、人や地域とのコミュニケーションを通して、社会との関わりや社会における自身の役割を実感できること」。

　次に、作品そのものがない人はどうするかという話になりました。作品は残していないものの、それぞれが何かしらその人らしく表現している物事があるはずだ、とのことで、一人ひとり、maru の活動だけに限らずプライベートも含めてその人のことを考えてみたのです。ある人は、ときどき福祉の専門学校の要請で講演することがありました。ある人は車いすバスケットボールチームに所属し、土曜日は maru を早帰りして練習していました。彼らのその姿を写真撮影し、そしてその様子を録音しました。写真でスライド動画を作成し、録音した音声を重ねた映像を作りました。ある障害の重いメンバーについては、その人が maru で関わっているメンバーやスタッフ、ボランティアなどの人との関係性を、定点観測という写真表現手法を用いてツーショット写真を撮り、その人の存在そのものを表現するという〝作品〟も作りました。

「maruworks」会場。個々の作品とともに maru のすべてを表現した

　こうして一人ひとりを見つめ、その姿をどのように表現するか悩みに悩んだ末に開催できた展覧会は、多くの人の注目を集めることになりました。そして何より他の展覧会と違ったのは来場者の滞在時間で、ほとんどの人が1時間以上滞在し熱心に作品を見て、そし

てmaruメンバーとの会話を楽しんでいたのでした。

この展覧会を作り上げていく中で、その人自身が、maru、あるいは社会とどのような関わり合いを持つことができるのか客観的に考えることができ、一人ひとりにひろがる〝世界〟を感じることができました。

〝アート〟とは絵を描いたり陶芸をしたりすることだけでなく、その人自身がなんらかの形で現した物事だと思います。一人ひとりをどのようにすれば人に伝えることができるのか、メンバー自身の表現だけに委ねるのではなく、メンバーを支えるスタッフが、メンバー一人ひとりの存在や生き様をどのように表現するか考えることで、その人自身のできることや良いところを探り出す、見出す動きにつながります。また、それぞれの視点から見えるmaruや社会、その人の世界観や視線の先を〝想像する〟という観点は、福祉的なニーズを読み解く観点でもあります。

maruの活動はアートを柱としたとりくみです。その〝アート〟をどうするのかを経て、その人の生き方を支援する動きに導くことができました。これこそmaruらしい支援だということに至ったのです。

■〝はたらく〟とは

わたしたちにとって転機となったこうした出来事、そして、これらの経験で培った価値観は、maruの支援観や労働観、自立観につながっています。そうした価値観をもとにmaruメンバーの支援やイベントを考えたり、仕事を得たりしてきました。

２０１５年で10年目を迎えた地元アパレルメーカーとのコラボＴシャツ企画、カフェや美容室など人が日常的に立ち寄る場所で展示会を開催しネットワークづくりにつなげる「tekuteku PROJECT」、九州大学の国際的な研究施

似顔絵イベント。作品だけでなく
人と人がともにする時間が大事

設のウォールアートと研究センターのブランドマーク作成ではメンバーの絵が世界に羽ばたいています。また、個展や全国各地で開催される展覧会への出品はもちろん、個性を存分に発揮したエアギターパフォーマンスやWEBラジオの配信、陶製ボタンづくりを通じた人づくりプロジェクトなど、アイデアと技術を駆使し、一人ひとりの姿をいろいろな形で発信してきました。

さて、〝はたらく〟とは、ですが、結局はとてもシンプルに考えることにしました。わたしたちの定義は、「仕事」は「さまざまなコミュニティにおけるその人の『役割』」です。〝はたらく〟は「役割を果たしていく行動や行為」です。この役割の対価としてのお金が給料や工賃となります。また〝コミュニティ〟とは、人は一人では生きていけませんし、人が生きていくために形成された人の集まりがコミュニティと考えています。人が厳しい自然環境で暮らしていた大昔がまさにそうであったように、生きていくためにコミュニティの中で役割分担が生まれ、生きていくために働いてきたのです。そしてコミュニティ形成の理由や本質は現代も変わらないと思います。

障害者自立支援法施行後、多くの作業所が高工賃をめざすようになりました。障害のある人が現在ある役割を果たせるように訓練や教育、環境づくりなどいろんな工夫を始めています。社会のしくみの中で働くことができなかった人が働けるようになる、給与をもらえるようになる、その事はとても意義ある高い目標で、そうしたとりくみでの各作業所の苦悩は計りしれません。でもどうしても、どんなに工夫しても「できない」人がいて取り残されます。なぜそうなるかというと、作業所で行なわれている仕事のほとんどが、障害のない人の価値観によって生まれたしくみにある役割だからです。ではそのしくみに入れない人は働かなくて良いのか。働くことを考えなくて良いのか。そうではないと思います。

〝仕事〟は役割です。〝はたらく〟は役割を果たすことです。今の価値観による〝仕事〟〝はたらく〟で物事を捉えずに、先ずはその人にとってのコミュニティはあるのか、あればそのコミュニティにおいてのその人の役割は何なのかを考えてみることが、maru的支援アプローチのひとつです。「役割＝仕事」がないのに「役割を果たす＝はたらく」ことはできませんから。重い障害のある人も必ず何らかの役割があるはずで、見出せるはずです。わたしたちにはそれを見出していく時間を与えられています。ノルマがあったり期限が区切られているわけではないからです。だからこそどんなに障害が重い人であっても、〝はたらく〟ことをあきらめさせてはならないのです。「役割」に金銭的な価値が伴うかどうかや、金額の高い低いは、その時代時代の要望や要求によって変わります。昔はとても価値のある役割が、今では廃れてしまってお金にならないこともあるでしょう。その逆もあるでしょう。そうであれば、今まで価値がなかった役割に新しい価値を見出し、社会に提示することができないものでしょうか？　わたしたち福祉に携わる人間にはこの社会においてそうした役割もあると思います。

高工賃であってもなくても〝はたらく〟とりくみで意識したいのは先にも述べた〝実感〟です。〝はたらく〟ことでその人はかけがえのない存在となります。そして人とつながっていること、認められることによって、安心感、充実感、満足感、という実感が得られます。それがあるところが居場所となります。〝はたらく〟ことはＱＯＬ（クオリティ・オブ・ライフ）を生み出し、ひろげて、充実させていきます。人がゆたかに生きていくためには、〝はたらく〟ことは欠かせないものなのです。

maruのとりくみは、けっこう〝良い線いってる〟と思っています。ですが、メンバーの〝はたらく〟に見合った工賃を払っていくことについてやるべきことがたくさんあります。そしてそのためには、日々生まれてくる作品をもっとスムーズに社会に出していくしくみを作る必要もあります。また一人ひとりの状況は変化し続けるので、だからこそコミュニティづくりや役割づくりを探求し続けなければなりません。これからも多くの困難はあっても、一人ひとりのゆたかな生き方を創造していくことが、社会を変える力になると確信しています。だからこそスピードはなくても良い。力強く一歩一歩進んでいきたい。そう思うのです。

「コトコト」のリズムを奏でながら

横川拓也

「コトコト、コトコト、コトコト…」、市内に点在する6カ所の建物から、紙が擦れて台に積み重ねられていく音が休むことなく聞こえてきます。時折お喋りや鼻歌を織り交ぜながらも、「コトコト、コトコト…」と紙は重なり合っていきます。それを封筒に詰め、宛名ラベルを貼る。それで製品は完成です。封入封緘(ふうかん)発送業務。知的障害のある彼ら彼女らが行なっている仕事です。障害の軽いも重いも関係ありません。働くペースが一人ひとり異なるだけです。依頼主の思いを込めて、みんなでコトコト、リズムを奏で、今日も一生懸命働いています。

ここは、東京・武蔵野市。わたしたちは「武蔵野千川福祉会」(以下、千川福祉会といいます)。1976年、武蔵野市の北部を流れる千川上水に名の由来をうけ、「千川作業所」が誕生しました。以来、40年あまり、「はたらく・くらす」を大きな柱として、実践を積み重ねてきました。今では6カ所の作業所や5カ所のグループホームなどを運営し、約150名の障害がある人たちが働き、暮らしを営んでいます(図①)。

■「はい！　よろこんで！」

武蔵境ワーキングセンターの作業場から、元気良く大きな声が聞こえてきます。待ってましたと言わんばかりに、デジタルはかりを所定の場所にセットし、準備は万全。郁子さんの得意な「重量検品作業」の始まりです。

みんなが頑張って資材を詰めた封筒の重さを一枚一枚量ります。正しい数が入っているかどうか、重くて

図①

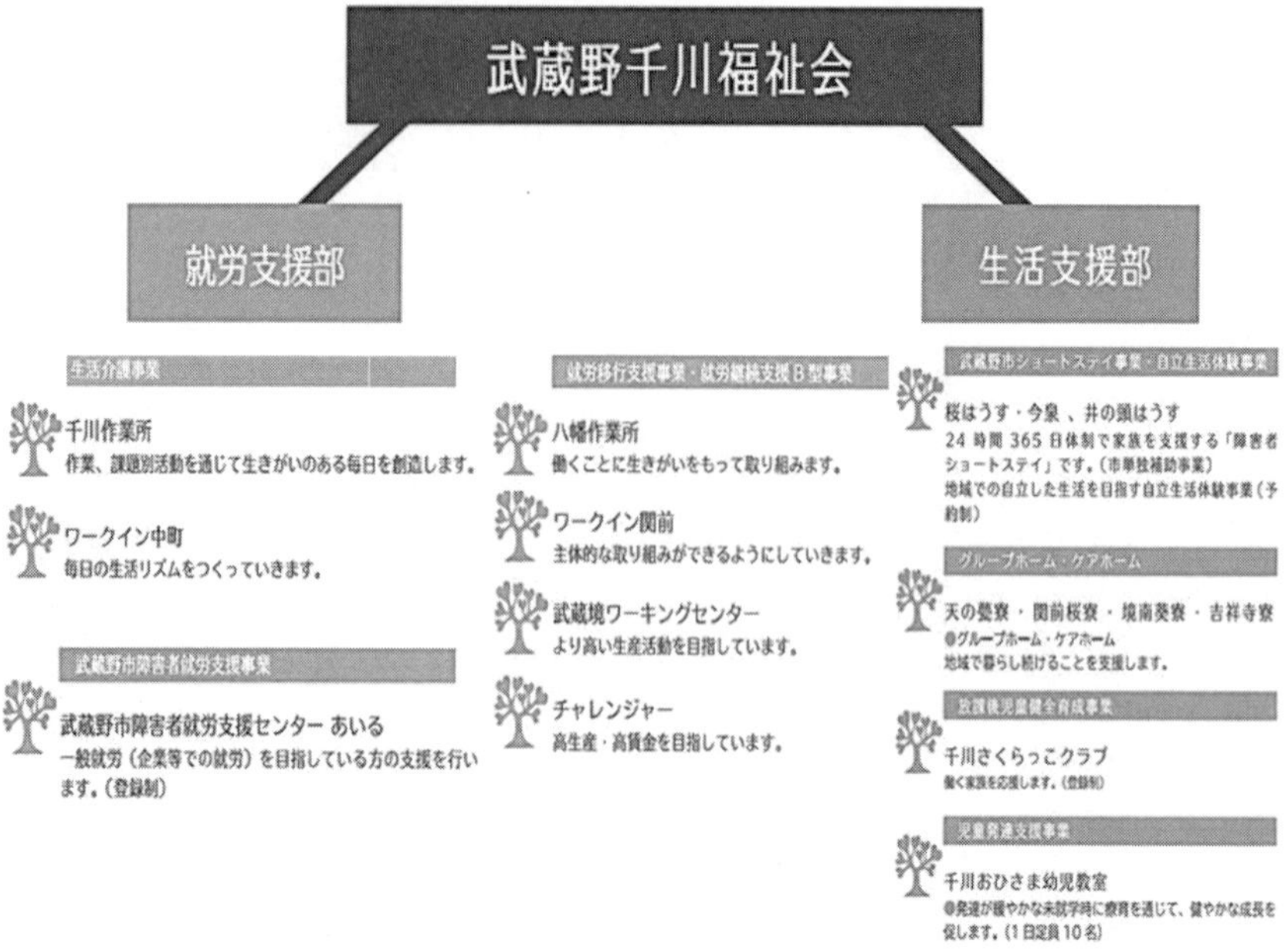
武蔵野千川福祉会
就労支援部
生活支援部
生活介護事業
千川作業所
作業、課題別活動を通じて生きがいのある毎日を創造します。
ワークイン中町
毎日の生活リズムをつくっていきます。
武蔵野市障害者就労支援事業
武蔵野市障害者就労支援センター あいる
一般就労（企業等での就労）を目指している方の支援を行います。（登録制）
就労移行支援事業・就労継続支援B型事業
八幡作業所
働くことに生きがいをもって取り組みます。
ワークイン関前
主体的な取り組みができるようにしていきます。
武蔵境ワーキングセンター
より高い生産活動を目指しています。
チャレンジャー
高生産・高賃金を目指しています。
武蔵野市ショートステイ事業・自立生活体験事業
桜はうす・今泉 、井の頭はうす
24 時間 365 日体制で家族を支援する「障害者ショートステイ」です。（市単独補助事業）
地域での自立した生活を目指す自立生活体験事業（予約制）
グループホーム・ケアホーム
天の饗寮 ・ 関前桜寮 ・ 境南葵寮 ・ 吉祥寺寮
●グループホーム・ケアホーム
地域で暮らし続けることを支援します。
放課後児童健全育成事業
千川さくらっこクラブ
働く家族を応援します。（登録制）
児童発達支援事業
千川おひさま幼児教室
●発達が緩やかな未就学時に療育を通じて、健やかな成長を促します。（1日定員10名）

も軽くてもいけません。はかりの数字とにらめっこしながら、何千枚も、時には何万枚も次から次へと手を動かします。見落としが許されない、とても重要で責任を伴う仕事です。それでもこの仕事が大好きだと言う彼女の表情は、とてもいきいきとしています。時には、周りで手が止まってしまっている人に、「お仕事やりましょう」と声をかける姿も見られます。自分の仕事だけではなく、周りとの関わりを持ちながら仕事を引っ張ってくれる姿はとても頼もしく思えます。

そんな郁子さんですが、始めからこのような積極的な姿勢で仕事にとりくんでいたわけではありません。元来、真面目な性格で、コツコツと仕事にとりくむ姿勢を持っていたことは間違いありません。丁合・封入・封緘・ラベル貼りなどの、仕事において必要とされる基本的な作業能力は、早い段階で習得することができていました。ただ、同時に控えめな性格ということもあり、仕事において何をすれば良いのかわかっていても、職員の動きを目で追い、指示が出るのを待ってしまう傾向がありました。また、他の利用者とも話をしたいけれどもなかなかきっかけを作れず、もどかしそうにしている様子もたびたび見られていました。自発的・積極的に行動を起こして、仕事にとりくむことや、人と関わるという姿勢に課題があったのです。仕事はできるが全般的に消極的だったと言えます。

郁子さんは、仕事におけるほとんどの場面において自分のやるべきことを理解しており、正しく判断することができていました。後は、それを口に出したり行動に移していくだけなのです。そのため、郁子さんは自分の能力を自覚し、自信を持つことができれば、自発的・積極的な姿勢を身につけることができると考えました。そこで目を付けたのが「重量検品作業」の習得です。基本作業よりも少し業務の難易度が高く、さらに責任も伴う作業工程を習得することで、難しいと思っていた仕事でも「やればできる」という実感から働く力を備えていることを自覚してもらい、自分の能力に自信を持ってもらおうと考えたのです。

「はい、わかりました…」彼女は、新たなとりくみに同意をするものの、少し不安な表情をみせました。今のままで良いという気持ちや、失敗することが怖いという気持ち、さらには職員からの提案を断ることもできないという気持も混在していたのでしょう。しかし、一歩踏み込むことで、また違う仕事の景色を見てもらいたい。それが、職員としての郁子さんへの願いでした。

郁子さんの不安を汲み取り、できる範囲の動作や判断力から順序立てて課題を提示しました。「あ、できた」「またできた」「次もできた」と確実に彼女の意欲をつなげ、「できる」という実感を積み重ねるとともに、「次もできるかも」という自分の力に対する期待を持てるように、少しずつ自信を育てていきました。それが、自分の能力に対する気付きにもつながったと考えています。その過程において身に付けた技術や理解力は仕事の精度を高め、重量検査業務という新しい作業工程の習得につながりました。

このとりくみにおいて郁子さんは、自分の「できる部分」を一つひとつ自覚するための手続きを積み重ねてきたのだと思います。自分の知らなかった能力に気付くことができた重量検査業務は、彼女にとって特別な仕事になりました。

自信を身につけた彼女は、変貌を遂げました。仕事の幅が広がっただけではなく、仕事に向かう態度にも変化がみられるようになったのです。職員が作業のペースを上げるように呼びかけると、誰よりも大きな声で「頑張ります！」と意気込みを示すようになり、仕事の手順が分からず困っている人がいると率先して説明して手助けをしてくれます。目の前の作業に向かうだけではなく、全体に対しての関わりにおいて、他の利用者からも頼りにされるお姉さん的な存在です。もう、職員を目で追うばかりの郁子さんではありません。仕事も人との関わりも一歩踏み込むことができるようになってきたのです。今では、職員からだけではなく、

「はい！　よろこんで！」今日も彼女の元気な声が作業場から聞こえてきます。

■これ、ぼくが自分で買ったんだよね

ダウン症の遼平さんは、現在35歳。千川作業所に通い始めて18年が経ちました。グループホームで暮らす彼は、作業、調理、ウォーキングなど、活動全般的に参加の意欲が薄く、日中の多くの場面において動きが止まってしまいます。また、送迎車によるグループホームと作業所間の移動がほとんどのため外出の機会が限られ、外部からの刺激が極端に少ない生活を送っています。

遼平さんが彩りゆたかな生活を送るためには何が必要か、わたしたちは物事に対する興味・関心を高め、自主的に行動する力を身に付けていくことが大事なのではないかと考えました。グループホームや作業所以外の環境においての楽しみを見つけ、興味・関心の幅を広げていくことで、生活の彩りをゆたかにしていくとともに、生きる意欲を高めていってほしい、そしてそれを働く意欲にもつなげていけるようにと考えました。

遼平さんは「昼食の買い物」にとりくむことにしました。

まず「お弁当・パン」の写真を見て『食事の話』であることを理解します。次に「歩いている」写真で

『徒歩で向かう』こと、「レジで購入している」写真で『買い物に行く』ことなど、行為や目的を理解します。次は「コンビニエンスストア・パン屋・弁当屋」などの写真を示し場所を選びます。しかし、最初はなかなか気持ちを向けてくれませんでした。写真を見せてもいやがってしまいます。

会話が難しい遼平さんは、椅子に深く腰かけ、怪訝《けげん》な顔で首を横にふりました「ぼくは動きたくないんだよ」そんな否定的な気持ちを態度であらわにしていたのです。

活動を理解し、それを行動に移すことができるようになるまで、何度もくり返し試みました。

少しずつ遼平さんは何をするのか、どこに行くのかを理解し始めたのでしょう。1カ月が経過した頃には、お店で食べたいパンやお弁当を、自分で指差しで選択をすることができるようになってきました。また帰り道で、買ったものを覗きこんでは笑顔で歩く様子が見られるようになりました。「これ、自分で買ったんだよね。早く食べたいね」と言わんばかりです。そして回数を重ねるごとに本人の笑顔が増え、楽しみが増えているように感じられました。4カ月が経過した頃には、本人のみで買い物をすることができるようになりました。この経過では、職員が同行しながらそのときの活動の様子から遼平さんが一人でその活動を安全に達成できるかどうかをアセスメントし、徐々に支援を減らし、最終的に一人で買い物をするという手続きを経ました。

そして遼平さんの作業活動にも変化がおきました。それまでは動きが停止することが多く、継続的に課題にとりくむことが困難でした。ですが、いまでは「腕を伸ばす」、「モノをつかむ」、「入れる・置く」という連続した動作を行なえるようになってきました。まだまだ、本人のゆっくりとしたペースですが、日常生活の中でも動きが止まっている時間が減少してきており、課題に向かう姿勢が少しずつ育ってきていることが実感されます。

時間をかけてじっくりと、本人が理解しやすい情報提示を用いて働きかけてきたことで、とりくみに対す

図②

	サービス種	平均工賃	人数	サービス内容	利用時間	支援目的
チャレンジャー	就労移行支援 就労継続支援B型	75,000円	27名	作業 施設外就労	8:45～17:00	↑ 経済活動・高生産 できるだけ高い賃金
武蔵境ワーキングセンター	就労移行支援 就労継続支援B型	50,000円	24名	作業 施設外就労	8:45～17:00	
ワークイン関前	就労移行支援 就労継続支援B型	40,000円	26名	作業 施設外就労	8:45～17:00	
八幡作業所	就労移行支援 就労継続支援B型	30,000円	23名	作業 施設外就労	8:45～17:00	
ワークイン中町	生活介護	20,000円	26名	作業	8:45～16:00 ～17:00	
千川作業所	生活介護	5,000円	25名	作業 活動	10:00～16:00 送迎あり	生活の豊かさ 活動 ↓

る理解が深まり、見通しが持てるようになってきたのだと考えられます。また、作業所や送迎車などの守られた環境から、外の世界に踏み出すことで得られる達成感は、遼平さんに多くの刺激を与え、生活の中で得られる喜びを彼が感じることができたのだと思われます。「買い物」という新しい喜びからモノゴトに関する興味・関心の幅が広がり、日中活動に対する意欲にもつながり始めてきているのだと考えています。

■一人ひとりに適した環境をつくる「機能分化」

１９９３年、千川福祉会をとりまく作業所運営の変化から、作業所としての必要性や存在意義を地域に示していく必要が出てきました。わたしたちは利用者の「働く意欲、能力、体力、年齢」などを配慮して、本人の働く力以上も以下も求めずに、彼らが的確に働く力を発揮できる環境をつくれないか考えました。月額10万円稼ぎたいという人や働くこと自体が生活の柱になりにくい人などさまざまな人がいる中で、それぞれが異なる作業所で働くことができれば、お互いのストレスを軽減させることもできるかもしれない。「労働としての作業」から、「姿勢づくりとしての作業」まで、似たような能力や課題のある人たちによる集団を形成することで、障害程度や働く意欲に応じた支援を、幅広く段階的に捉えて行なえるのではないかと考えました。そしてこれを「機能分化」とし、高生産・できるだけ高い賃金をめざす「チャレンジャー」と、活動などを通して生活のゆたかさを大切にした「千川作業所」の二つの作業所から、まず出発しました。

当時のチャレンジャーは、毎日の仕事が無くならない程度の生産しか行なっていませんでした。そのため、支給工賃も月額平均2万5千円程度でした。機能分化にあたり、経済活動に重点を置くことになったチャレンジャーは、次の三点を重視し実践を積み重ねました。

①利用者の働く能力に応じた仕事の提供
②利用者の働く力を伸ばす環境
③結果として工賃を高めていくこと

その結果、現在（2015年度）では月額平均工賃7万5千円に達することができました。そしてチャレンジャーが実践において積み重ねてきた知識と技術を伝承する形で、千川福祉会の他の作業所をリードするとともに、利用者の能力開発を推し進めてきました。それにより、千川福祉会としての方向性がブレることもなく、機能分化が整備されました。利用者の能力に応じた集団形成は、現在6作業所が機能ごとに分担し、千川作業所から段階的に能力を高めていき、チャレンジャーをめざしていくというステップアップが特徴です（図②）。また、チャレンジャーにおいての支給工賃以上を求める方や、企業就労への意欲が高い方に関しては、積極的に企業就労に結びつけていきます。

図③

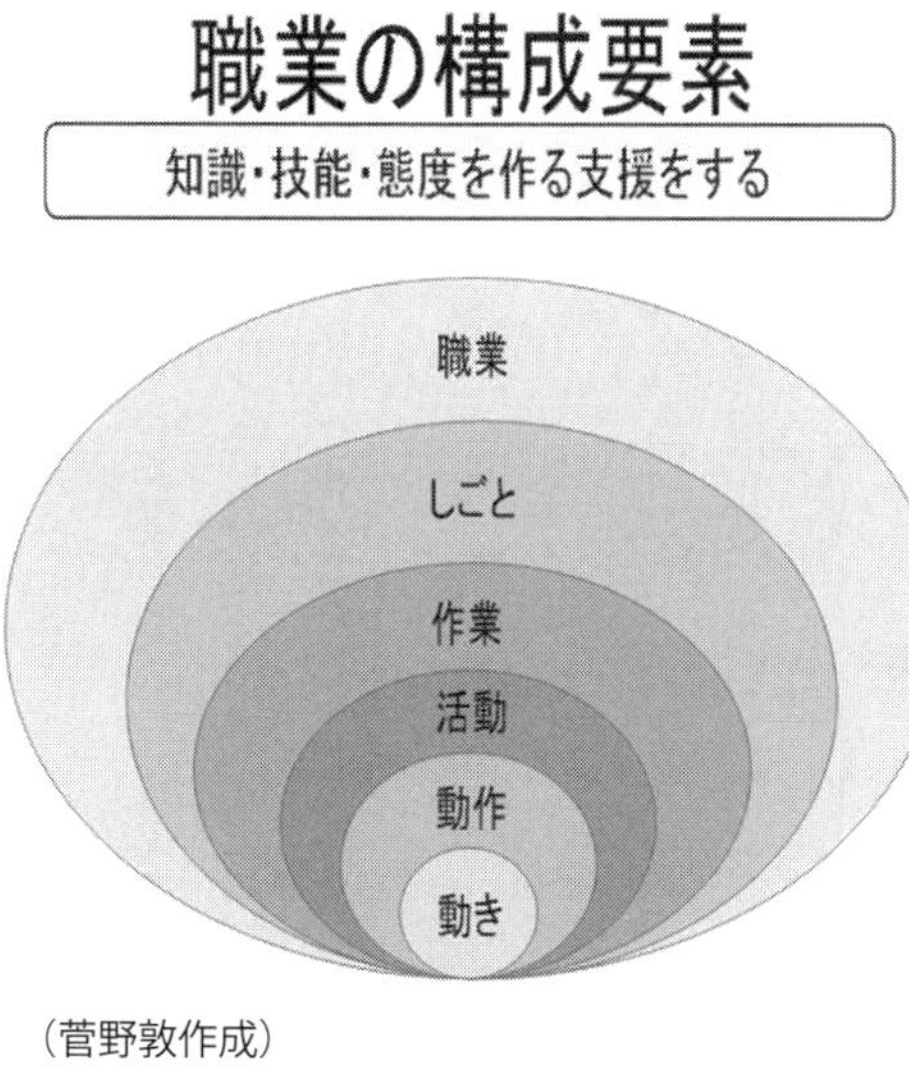
職業の構成要素
知識・技能・態度を作る支援をする
職業
しごと
作業
活動
動作
動き

（菅野敦作成）

逆に、加齢や体力面などの理由から、働くことを追求するよりも安定した生活を送ることに比重をおく必要がある方々もいます。その方々は生産力というストレスから解放し、できる限り無理のない環境において、生活のリズムを崩すことなく働いてもらうことを大切にしています。

その際、大事にしているのは働くための知識、技能、態度を育てるために、最も初期段階である「動き」から「動作」、「活動」、「作業」、「しごと」、「職業」へと段階的に引き上げていくという視点です。（図③）

「動き」から「作業」までの支援を、千川作業所・ワークイン中町・八幡作業所が段階に応じて担い、「動作」から「しごと」までの支援を、ワークイン関前・武蔵境ワーキングセンター・チャレンジャーが担います。このステップアップの過程において、知識・技能・態度を身に付けた方々が、就職という「職業」段階に向かっていくのです。

そしてそれぞれの作業所において、特徴や課題が似ている、あるいは近い方々による小集団を形成することにより、事業所ごとに利用者の能力段階に合わせた支援を行なうことができるしくみとなっています。縦の連携をはかり、働くことを通して利用者の「関心」・「意欲」・「態度」を効果的に育てていくことで、「働く能力」の向上につなげていくことができると考えています。

■どこにいっても封入封緘発送が仕事

利用者の仕事は、6カ所の作業所すべてが封入封緘発送業務にこだわって受注を行なっています。その理由はまず、作業工程を簡単に分解することができ、利用者の能力に適した仕事を提供しやすいこと。さらに、資材がバラバラの状態で入荷し、結合をくり返すことで一つの商品になり完成するため、仕事内容が分かりやすいこと。設備投資が少なく、経費がほとんどかからなくてすむこと。軸となる仕事を定めてくり返し行なうことで技術が熟練され、利用者の能力向上につながること。そしてその結果として、生産性も向上することです。

6カ所の作業所で一貫していることでの利点は、利用者の配属事業所が変わった際にも、修得した技術を十分に発揮することができる環境があることです。これが、作業所ごとに軸としている仕事が異なっていた場合はそうはなりません。例えば、封入・封緘で力を付けた方が、パンの製造販売を行なっている作業所への配属となった場合、それまでに修得した技術をそのまま発揮することができず、技術のリセットや応用が必要となる事態を引き起こしかねません。そうなった場合、その変更に対応することができずに、身につけてきた自信もリセットされる危険性があります。そうならないために、全体が一貫した仕事内容にすることで、自信を積み重ね自己肯定感（認められる・必要とされる意識）を高めていけるようにしているのです。

■さあ、仕事を始めよう

千川福祉会で大事にしていることのひとつに、職場環境や作業環境の整備があります。たとえばこの5S活動です。

『整理』＝「要るモノと要らないモノに分け、要らないモノを処分する」

『整頓』＝「要るモノを使いやすいようにきちんと置き、誰でもわかるように明示する」

『清掃』＝「つねに掃除をし、きれいにする」

『清潔』＝「整理・整頓・清掃の3Sを維持する」

『躾』＝「決められたことを、いつも正しく守る習慣づけ」。

5S活動は、法人職員全員でとりくむことが重要となります。なぜなら、職場環境の美化だけが目的なのではなく、この活動を通して美しく変化していく過程において職員の意識を育てていくことが真の目的だからです。言い換えれば、「守ることを決めて、決めたことを守る」風土を作ることを目的としているのです。

また、「作業環境整備」に通じる部分ですが、無駄なモノがなく所内の見通しが良いこと、モノの位置が定まっていることなどは、利用者が仕事のやり方を理解していくうえでも大きな影響を与える部分になります。さらに、利用者の安全確保の視点からもとても重要となります。しかし、5S活動を行なう中で落とし穴も存在します。外見の見栄えを追求するあまり、作業性を無視してしまうことです。「ただ5Sをすればいい」という感覚で行なうのではなく、仕事をする上で理にかなった改善を進めていくことがとても重要となるのです。そして、5S活動は一度実施すれば終わりを迎える活動ではなく、事業が継続する限り永続的に継続すべき活動なのです。

そして最も重要視していることが「利用者がわかりやすいかどうか」、すなわち作業環境の整備です。

「どこで何をするのか」
「いつ何をするのか」
「何をいつまでするのか・何をどのくらいするのか」
「どのような手順でするのか」

これらのことを作業環境においてわかりやすく提供することにより、手順の見通しや、時間の見通しを深め、仕事に関する動きの理解も深めていけるように支援します。

具体的には、

①仕事を行なう場所や、製品の管理場所、製品完成までの流れ（道筋）を視覚的に表示することで、モノの場所や仕事の流れについての理解を深める
②準備と片付けを含めた仕事の前後のつながりを理解するために、仕事に必要な道具とその管理場所を定める
③不要な物を無くし、情報や刺激を必要最小限にすることで、仕事における混乱を減少させる
④指導の相違からくる混乱を避けるため、作業手順を共通化し、職員による指導も統一化する

⑤1日のタイムスケジュールや生産ノルマなど、仕事の始まりと終わりを明確に示すことで、時間と量の見通しを持たせ安心感を高める

など、主に「場」、「時間」、「量」、「手順」という視点で、作業所の機能ごとに利用者の段階に応じた形態で視覚化を行ないます。（図④）

■「働く能力」を高める

千川福祉会ではこうした働く環境をまずは基盤とし、さらに利用者の「働く能力」に着目し、すべての作業所がその事業種別にかかわらず、作業活動を通して利用者の社会的自立をめざした支援を行なっています。

「作業」は働くことを追求し能力を高めていくための手段です。その作業活動を効果的に進めることが能力向上において重要な視点となってきます。利用者にとって仕事をわかりやすくすると同時に、能力を発揮できる環境を整え、生産活動につなげていけるよう

図④（作業手順書）

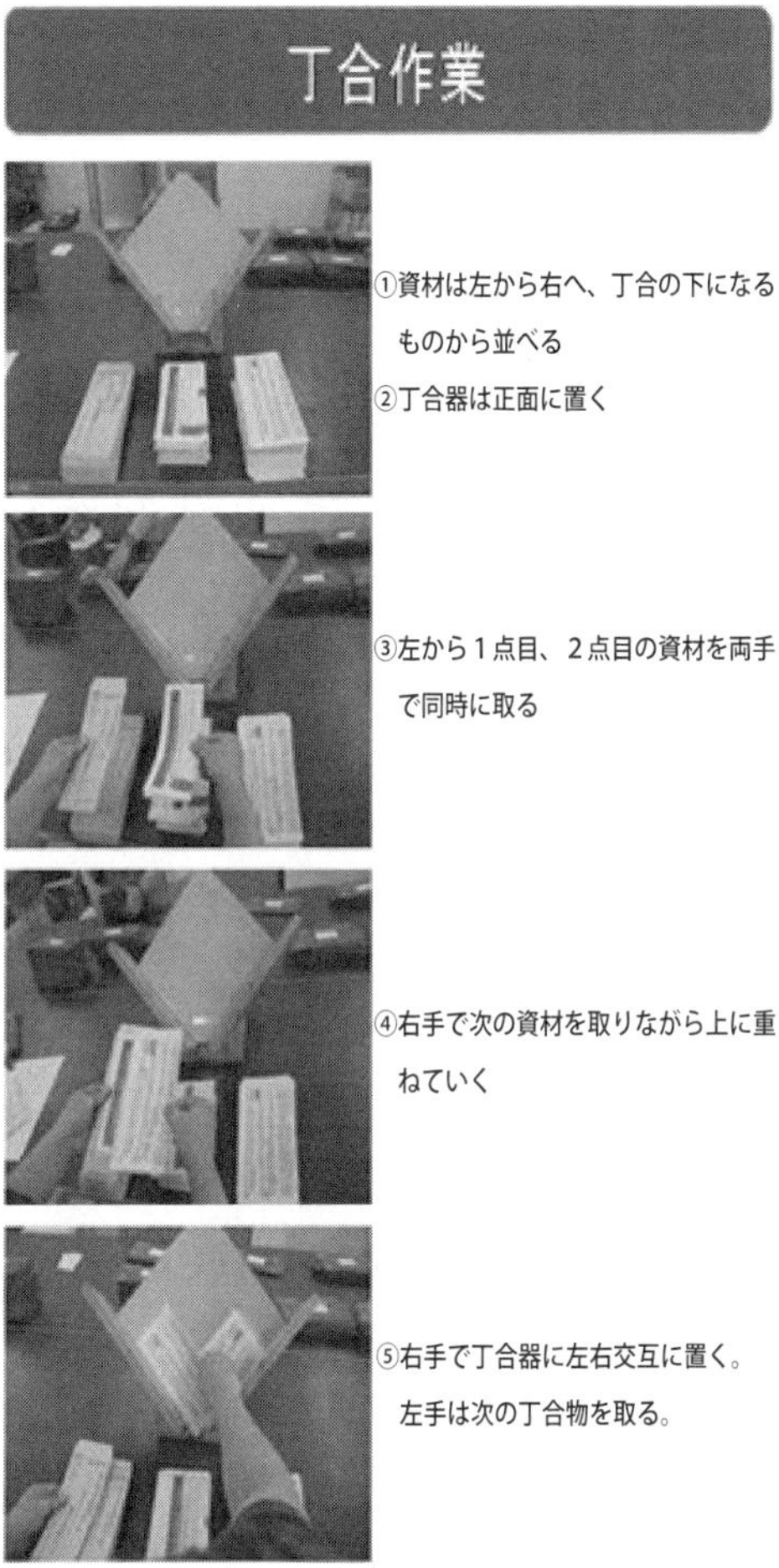
丁合作業
①資材は左から右へ、丁合の下になるものから並べる
②丁合器は正面に置く
③左から１点目、２点目の資材を両手で同時に取る
④右手で次の資材を取りながら上に重ねていく
⑤右手で丁合器に左右交互に置く。左手は次の丁合物を取る。

図⑤

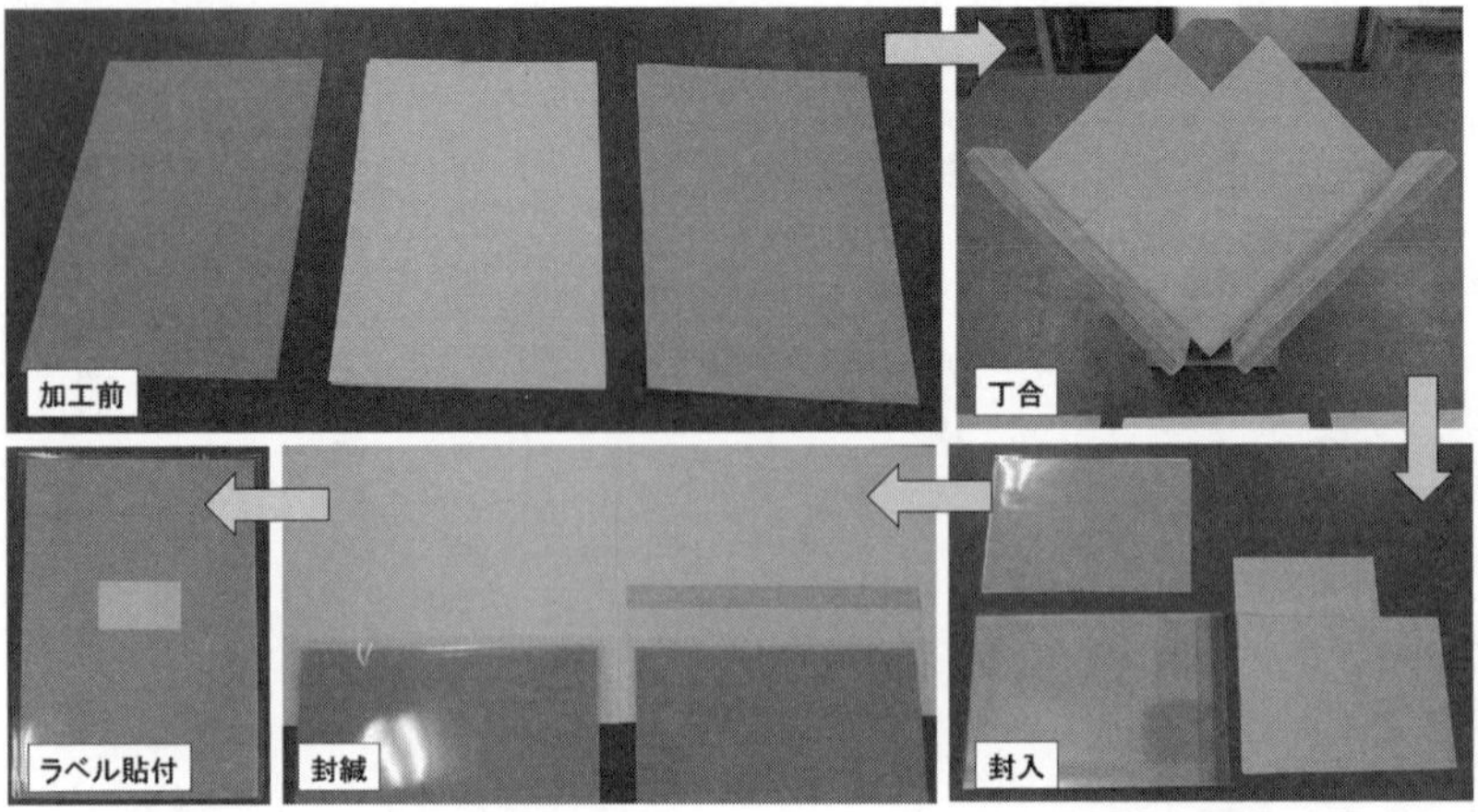

にすることが大切です。そのためには、生産におけるムリ・ムダ・ムラを減らし、利用者を中心とした効率の良い生産体制を作り出すことが重要となります。

利用者を中心とした生産活動を作り上げていく上で大切なことは、「工程分解」をすることです（図⑤）。作業を工程に分解することで利用者の能力に合わせた作業提供を行なえるようになります。その結果として、「ライン」が生まれます。工程が分解されることで、今度はそれを結合していくための工程が生まれてくるからです。ラインが生まれることにより、工程をつなぐ利用者同士の関わりが生まれ、他者を意識する力や相互の関係を高めるための支援が生まれてきます。

また、「構造化された作業工程は最も分かりやすい活動となる」という考え方のもと、作業という活動を通して、働くことの前段階である「課題に向かう姿勢」を育てることに着目した支援を行なっています。モノに向かう姿勢を育てるには、利用者の興味・関心を高めていかなければいけません。そのためには、利用者が理解できる工程段階まで掘り下げる必要があります。そして、利用者の行動に対する評価をくり返し行ない、成功体験を積み重ねることで、自信と自己肯定感を高めていきます。さらに、その積み重ねが、工程（仕事）に対する興味・関心の高まりにつながっていくのだと考えています。

図⑥

10工程

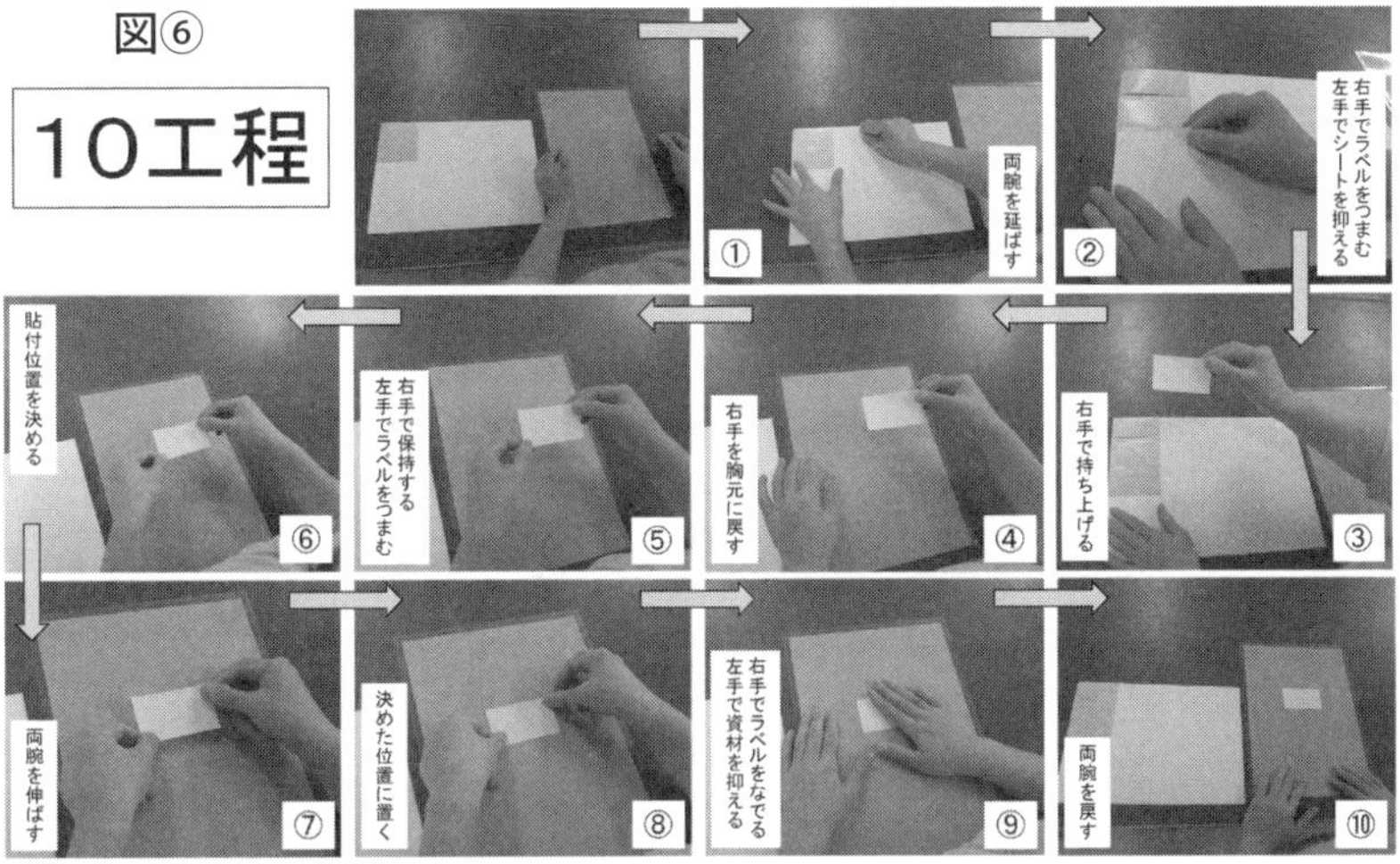
①
両腕を延ばす
②
右手でラベルをつまむ
左手でシートを抑える
③
右手で持ち上げる
④
右手を胸元に戻す
⑤
右手で保持する
左手でラベルをつまむ
⑥
貼付位置を決める
⑦
両腕を伸ばす
⑧
決めた位置に置く
⑨
右手でラベルをなでる
左手で資材を抑える
⑩
両腕を戻す

図⑦

1工程

①
ラベル貼付

例えば千川作業所は4〜5名で形成する5つの小集団で成り立っています。一つひとつの小集団で人（職員・利用者）と場所を固定しており、「誰と」「どこで」という見通しが持ちやすい環境を設定しています。人や場所に関する判断の必要が少ないほど、安心感が高まるという考え方です。このことで、職員が特定の利用者に対して、継続的に観察とコミュニケーションをはかれるように見直し、個々の課題と向き合い、個別の支援（働きかけ）を行なえるようになりました。そしてここでは封入封緘作業(活動)とともに、創作、調理、ウォーキングなどの活動を取り入れています。支援において心がけていることは、「評価」をくり返すこと、「終わり」を明確に示すことで、「達成感」や「自己肯定感」につなげることです。ここで遼平さんは「昼食の買い物」にとりくみ、その課題の達成だけでなく、新たな意欲、作業にとりくむ意欲の高まりがみられたのです。

また他の作業所での実際の作

業工程は利用者の能力に応じてその数は変化しますが、細分化していく中でその方の強みと弱みを見極め、支援方法を考えていくことが大切です。最初は10工程の視点が必要だった方が、「ラベル貼付」という1工程の理解や捉え方でとりくめるようになる力を育てていくのが職員の支援となります。そのためには、細分化された工程に対する理解を一つずつ深め、その工程を結合する力が求められます（図⑥・図⑦）。

作業の標準化も重要です。わたしたちは生産活動の基本となる加工の4工程（丁合・封入・封緘・ラベル貼付）において最も効率的な手順を研究し、動作レベルに細分化したものを再構築することで基本手順を定めていきます。そして、それを全職員で共通認識としておさえています。作業環境整備の部分でも触れましたが、作業手順を定め、職員の指導が統一化されることで、利用者の混乱が軽減されます。さらに、同一手順をくり返し行うことで効果的な技術の熟練が見込まれるようになるのです。これが、指導する職員や仕事のたびに手順が異なってしまうと、利用者の混乱や、技術の未成熟を招くことになります。加えて、手順が統一されることにより、ポイントを絞って利用者を観察することができるようになり、課題も明確に見つけられるようになります。動作レベルの構成要素からおさえることにより、できること、できないことを確認し、一人ひとりに必要な支援を行なえるようになるのです。また、必要に応じて作業工程の機械化、治具の導入や開発により、仕事に関わることができる場面を数多く作り出します。関わる仕事を増やし、役割を増やすことで働く機会を提供することも大切な支援だと思われます。郁子さんの「はい！　よろこんで！」は、これらの視点が確かなものであることを実感させてくれます。

■おわりに

このように千川福祉会は機能分化の形態をとり、「はたらく」ことを軸にして、利用者の経済的自立から生活のゆたかさの向上まで、働く能力段階に応じた支援を展開しています。働く能力が高いのであれば、さらにその力を伸ばし、できるだけ高い賃金や経済活動につなげていきます。重度の障害があり、働くことが生活の柱になりづらいのであれば、興味・関心を高め、課題に向かう意欲に育てていきます。「重度だから働くことができない」という発想は捨て、「どのようにすれば働くことができるのか」という視点で支援を行なっているのです。働くことから得られる「勤労の意義」や、働く能力を高めるためのとりくみ過程で得られる「自己肯定感と興味・関心の広がり」、それらを通して、自分の力が誰かの役に立っている実感や、認められているという感覚を認識していくのです。あらゆる経験を積み重ねていくことで、その人の存在意義を見出せるようになり、それが生きがいにもつながっていくのではないでしょうか。

そして、

夕方5時、終業を伝えるチャイムが鳴りました。

みんながソワソワしています。何だかいつもよりも多くの笑顔。今日は月に一度のお給料日です。印鑑とボールペンを持って受け取る準備はもう万全。「お給料で新しい靴を買います！それで、もっとお仕事がんばります！」、「家族と回転寿司に行きます。お金は僕が払います！」、「クッキーを買います！」、「カラオケに行きます！」使い道はそれぞれです。だけど、みんなこの日を心待ちにしていました。一生懸命お仕事をしたご褒美。社会からの感謝の気持ちです。多くの人の役に立ちました。

「それでは、これからお給料を配ります！」

職員の言葉に事業所が盛大な拍手で溢れます。

コトコトと奏でるリズムは、これからもまだまだ続いていきます。

今月もよく頑張った！　また、明日も一生懸命、頑張ろう！

第2章　法律が「働くこと」に溝をつくった！

障害者自立支援法の欠陥、そして問題点

（1）重くのしかかった応益負担と実費負担

■月2万円を超える利用料に全国から悲鳴の声が

2010年4月以降に、障害福祉の現場で働き始めた人たちは、あまり実感がわかないかもしれませんが、2006年4月の障害者自立支援法（以下、自立支援法）の施行直後、自立支援法と応益負担の問題により、障害のある人たちとその家族にとって、受け入れ難いリアルな現実がつきつけられました。

全国各地の障害者施設や作業所では、その年の4月の応益負担の請求額が5月のゴールデンウィークに確定し、最初の請求書を作成しましたが、その金額は、予想以上の重荷になりました。東京のある作業所では、応益負担が1万7千円、給食費が7千円で、月額合計2万4千円もの金額になってしまいました。その金額は、その人が作業所から支給された4月分の工賃1万5千円をはるかに超えてしまったのです。この衝撃は全国各地で一斉に起こり、各地の障害のある人と家族から悲鳴の声が上がりました。「自ら望んで障害を負ったわけではないのに、わずかな障害年金と工賃から、なぜこんな負担を払わなければならないのか」、「一緒に住

んでいる家族のすべての収入が、負担額の算定の対象になってしまうのは肩身が狭い」、「負担を切り詰めるために、給食を食べずにコンビニのおにぎりにします」というような声が各地から出ました。また、障害福祉の支援を打ち切らざるを得ない人、さらには「生活が苦しい」、「将来が不安」などの書置きをして障害のある子どもと自らの生命を絶ってしまう無理心中事件が頻発してしまいました。

自立支援法施行の年から2010年3月までの4年間は、応益負担の廃止を求める障害団体の運動と、頑なに応益負担の存続を守ろうとする厚労省との激しい対立が続いていました。一つは毎年、自立支援法が強行採決された10月31日を行動日に、日比谷公園・野外音楽堂に全国の障害のある人たちが集まり「大フォーラム」を開催して抗議の声を上げげました。施行された2006年の「大フォーラム」には、1万5千人もの人たちが集まり、それ以降も毎年開催され、「応益負担の廃止」を厚労省に迫りました。

それともう一つの運動が、「応益負担は憲法違反だ」と訴えた自立支援法違憲訴訟でした。全国14の地方裁判所に71人の原告が立ち上がりました。

こうした全国・地域の運動、訴訟運動に押された厚労省は、2007年に最初の負担軽減策を実施しました（次頁図参照）。しかし軽減の対象となる人が狭められてしまったため、障害団体は見直しを求めました。その結果、その次の年も、また次の年も見直さざるを得ない事態に追い込まれました。このように国の制度が毎年見直される事態は、「とてもあり得ないことだ」とも言われていましたが、それほど法律とその後の負担軽減策に、欠陥があったということです。

■自立支援法廃止の約束が反故に…

こうしたなか、2009年に政権交代した民主党を中心とする連立政権は「自立支援法の廃止」を宣言しました。この廃止宣言を受けて、自立支援法違憲訴訟団は、「自立支援法と応益負担を廃止する」ことを盛り込んだ「基本合意文書」を国と交わし、裁判を和解しました。つまり「自立支援法と応益負担の廃止」は、「訴訟上の和解」という判決と同様の意義をもつ公文書において認められたのです。

ところが、２０１２年の国会で、厚労省は法律の名称と応益負担の条文の表現方法や内容を巧みに見直し、「障害者総合支援法」に改変して「自立支援法を廃止した」としました。しかしそれは、裁判の和解の基本合意にも背くもので、事実上は自立支援法の改変・存続となってしまいました（その後、自立支援法の改正と言う説明が当たり前になっていたようです）。

とくに応益負担の見直しでは、負担制度を廃止せずに、２００７年４月から実施されている「緊急措置」の見直しにとどめました。具体的には、まず２００８年４月から、配偶者を除く家族と同居していても、障害のある本人だけの所得で、負担上限額を決めることとしました。また２０１０年４月からは、非課税世帯の負担上限額をゼロ円としました。

その結果、非課税所得となる障害年金を主な所得としている人のうち、約８割の障害のある人たちは、応

所得階層別の負担上限月額の推移

（網掛け部分が軽減措置後の負担上限額、個別減免を除く）

<table>
<tr><td colspan="2"></td><td>負担上限基準額（06年4月）</td><td colspan="2">「特別対策」（07年4月）</td><td>「緊急措置」（08年7月）</td><td>「緊急措置」の見直し（09年7月）</td><td>非課税世帯の無料化（10年4月）</td></tr>
<tr><td rowspan="2">軽減要件</td><td>収入</td><td colspan="3">同一世帯の家の所得を含む</td><td colspan="3">18歳以上は本人の所得※配偶者の収入は含む</td></tr>
<tr><td>資産</td><td colspan="4">現金・預貯金等が1000万円（単身は500万円）以下</td><td colspan="2">撤廃</td></tr>
<tr><td colspan="2">所得区分</td><td colspan="6">応益負担の上限額</td></tr>
<tr><td colspan="2" rowspan="3">課税世帯</td><td rowspan="3">37,200円</td><td colspan="5">37,200円</td></tr>
<tr><td rowspan="2">所得割16万円未満</td><td rowspan="2">9,300円</td><td>障害者
所得割16万円未満</td><td colspan="2">9,300円</td></tr>
<tr><td>障害児
所得割28万円未満</td><td colspan="2">4,600円</td></tr>
<tr><td rowspan="4">非課税世帯</td><td rowspan="2">低所得2</td><td rowspan="2">24,600円</td><td colspan="4">24,600円</td><td rowspan="4">0円</td></tr>
<tr><td colspan="2">居宅・通所 6,150円
通所のみ 3,750円</td><td colspan="2">居宅・通所 3,000円
通所のみ 1,500円</td></tr>
<tr><td rowspan="2">低所得1</td><td rowspan="2">15,000円</td><td colspan="4">15,000円</td></tr>
<tr><td colspan="2">3,750円</td><td colspan="2">1,500円</td></tr>
<tr><td colspan="2">生活保護世帯</td><td>0円</td><td colspan="5">0円</td></tr>
</table>

（小野浩作成）

益負担がゼロ円になり、それが今日まで継続されているのです。

(2)自立支援法の「必要性」と巧みなしくみ

■事の発端は介護保険財源の確保

自立支援法を制定した政府の動機は、介護保険の財源を確保することにありました。

法案を説明する際に、政府はもっぱら障害の種別を超えた福祉法にすることや、支援費制度で激増したホームヘルプやガイドヘルプサービスの財源を確保し、「持続可能な制度」にすることなどを強調していました。しかし、政府の最大のねらいは、障害福祉を介護保険に取り込み、40歳以上に限定された介護保険料の徴収年齢を20歳まで引き下げ、財源を大きく増やすことでした。

つまり、障害福祉と介護保険の統合によって、介護保険料の徴収年齢を引き下げ、介護保険の財源確保の対象をひろげるということであり、自立支援法は、その統合に道をつけることを目的として制定されました。すべては、介護保険の財源不足が事の発端なのです。そのため自立支援法は、総合支援法に名称が変更されてからも、制度の運用は、障害のある人のためというよりも、介護保険を優先した考え方や介護保険との整合性の考え方が貫徹されてしまうのです。

■介護保険統合に道をつくるためのしくみ

自立支援法、その後の総合支援法に慣れてしまった人たちの中には、介護給付と訓練等給付に分けられていることに馴染んでしまっている人が多くいます。ではそもそも、どうして給付体系が二つに分けられたのか、ご存知でしょうか。

結論からいうと、介護給付には、居宅介護や移動介護など、介護保険との統合をただちに検討することが予測されるものが位置づけられました。それに対して就労支援や自立訓練などの訓練等給付は、しばらく介護保険と統合するか否かの検討を要するという意味なのです。また、就労移行支援や自立訓練は、2年の利用期限が設けられてしまいましたが、それは公費を抑えることが最大の理由です。「一般就労のための準備のための期間」という理由付けは、主たる目的ではないのです。その証拠に厚労省は、「なぜ2年間なのか」の説明を一切しませんでした。

実は就労継続支援B型の当初案では、利用期限を設けて、「それを継続するためには自立支援協議会等でのアセスメントが必要」というしくみが提案されましたが、実質的に機能しませんでした。

そもそも政府は、法案準備の2004年の時点では、就労継続支援B型をつくるつもりはありませんでした。就労分野は、雇用契約の就労継続支援A型と就労移行支援の二つにとどめるつもりでした。関係団体の要望から、法案提出直前に就労継続支援B型が提案されました。こうした経過があるため、就労継続支援B型は、「就労体験のある人」というハードルが設けられたのです。

さらに、介護保険優先原則によって、65歳になった途端に障害福祉から、無理やり介護保険のサービスに切り替えられ、しかも支給時間数が大幅に減るとともに、一割の応益負担が復活してしまうという問題が全国各地で起こり、大きな問題になっています（脳梗塞やリウマチなどの特定疾病の人は40歳以上が介護保険優先）。

この問題について厚労省は、市町村に対して機械的な運用をしないよう事務連絡を出していると説明しますが、現実は市町村の裁量とされているため、機械的に介護保険への変更を余儀なくされてしまっている人たちが多くいます。このため、就労支援事業で働く障害のある人は、65歳を過ぎると同時に働く権利が奪われ、利用できるサービスは介護保険の高齢者デイサービスだけになってしまうのです。

「作られた溝」と見捨てられた小規模作業所

（1）狭められた自立概念

自立支援法以降に就職した職員たちの中には、「就労継続支援A型、B型は働く事業所、生活介護は介護や訓練をする事業所」というように機械的に理解をしている人が多くいます。自立支援法が制定される前の授産施設や福祉工場、更生施設そして小規模作業所などの現場を知らない職員たちにとっては、当然のことだと思います。それらの旧施設制度も多くの問題・課題を抱えていましたが、自立支援法の新たな事業体系に変わったからといって、それらの問題が改善されたかというと、そうではありません。むしろ新たな問題が表面化しています。

自立支援法は、誰もが実感しているように、「就労自立」を極度に強調しました。障害者雇用促進法のもとで、障害のある人の雇用が遅々としてすすまなかった日本では、障害のある人の就労・雇用での自立の機会をひろげることは、とても大切な課題です。

しかし問題は、多くの障害団体の運動によって少しずつひろげ深めてきた、障害のある人の自立の意味や目標が、自立支援法によって「就労自立」のみに狭められてしまった点です。その結果、極端な言い方をすると、地域の現場では、「働く就労支援事業所」と「まったく働かない生活介護」という二極化の傾向が強まってしまいました。

「働く就労支援事業所」の分野では、障害者雇用の場を増やし、障害のある人の所得保障をめざして、最低賃金保障をする場として、就労継続支援事業のA型が制度化されたことは前進といえます。しかし、障害のある人の労働権としての最低賃金保障をまじめにとりくんでいる事業所もありますが、ここ数年急増してしまったのが、営利のみを目的で参入した「悪しきA型事業所」です。とにかく障害のある従業員には最低賃金を保障すればいいという考えで、障害のある従業員の働きがいや、労働の質などは二の次で、ただ会社の儲けだけを追求する事業所が増えてしまいました。それに拍車をかけているのが、「自立支援給付で運営できる事業、その開設・運営をお教えします」など、障害福祉を新たな市場として売り込むコンサルタント会社の大量宣伝です。そのため、まじめに障害のある人の最低賃金を保障するために努力しているA型事業所の存在意義を見えにくくしてしまっています。

また、就労継続支援B型に対して厚労省は、工賃アップを強調しています。鳴り物入りで掲げた「工賃倍増計画」は、翌年「工賃向上計画」にトーンダウンしてしまいましたが、これらの計画は都道府県どまりの傾向が強く、市町村や事業所の現場ではほとんど実感できません。むしろ公費水準の低い日払いの給付制度であるため、とにかく登録人員を増やすことばかりを意識している事業所が少なくありません。障害のある人の所得を確保するために、工賃を上げていくことはとても大切なことですが、そのことの意義や重要性はどこか置き去りにされたまま登録人員の確保に邁進し、「倍増」「向上」の謳い文句だけが空回りしている、そんな状況にあります。

それに対して生活介護の事業所では、「重い障害があっても、地域社会に参加するための活動や、可能であれば作業活動への参加の機会を保障する」という当初の位置付けよりも、むしろ「働かなくてもいい、とにかく落ち着いて事故なく日中を過ごしていればいい」という考え方が強まっているように思います。

そのため、こうした受け身的な事業所は、軽作業を部分的にしていても、「重い障害のある人の働くことの意義や工賃の意味を大切にしよう」という発想は薄まってしまいますから、「軽作業」の向こう側に、積極的な目標や計画というものは存在しなくなり、ただ「その日を過ごしているだけ」という活動になってしまっています。

このように、障害のある人のたちの日中の活動の場は、象徴的な現象として「働くか、働かないか」の二極化の傾向を強めてしまいました。自立支援法、また総合支援法に変わってからも、まじめに就労や活動支援をとりくんでいる事業所もありますが、このように目的や目標が歪み、活動の方向性が見えにくくなってしまった事業所も少なくありません。

（2）見捨てられた小規模作業所——地域活動支援センターの現状と問題点

さらに、自立支援法以降、全国各地で大きな問題になりながら、まったく国レベルで議論されず放置されているのが地域活動支援センターです。厚労省は、毎年、地域活動支援センターの設置数は把握・公表しますが、その実態についてはまったくふれません。それは地域活動支援センターが、国の介護給付や訓練等給付などの公費支給の対象ではなく、市町村の事業に位置づけられてしまったためです。

実は、地方に行けば行くほど、地域活動支援センターは多く存在し、市町村の補助金だけの厳しい運営を余儀なくされながらも、就労支援や生活介護では実施していないような積極的な活動をしているところもあります。

そこで、きょうされんは、自立支援法施行以来、一度もその実態が明らかにされてこなかった地域活動支援センターの実態調査を行ないました。まず２０１２年に、全国３２２４カ所を名簿化しました。そのうえで、それらの活動や運営実態の調査を２０１３年に実施し、１８４２カ所の回答を得ました。そのなかで、就労継続支援や生活介護などと併設しているところや相談支援のⅠ型を除く、単独で設置・運営している地域活動支援センター１００７カ所にしぼって、詳しく運営実態を浮き彫りにしてみました。

その結果、以下のようなことが明らかになりました。

第一には、さまざまな障害のある人が利用しているとともに、とくに精神障害など、介護給付や訓練等給付の対象になりにくい人たちの利用が多いということです。障害支援区分では重い判定がでなくても、仕事に就くことが難しく、生活のしづらさを負っている人たちといえます。

第二には、仕事の保障や地域での活動支援など、さまざまなとりくみをしている点です。平均工賃は月額8千円で、決して多くはありませんが、就労継続支援B型の平均工賃を上回る月額1万5千円以上が10・4％で84カ所ありました。また41・5％が送迎支援をしていました。もちろん工賃アップの公費加算も、送迎の加算も、まったくありません。

そして第三には、就労支援や生活介護にくらべて、きわめて低い公費水準を余儀なくされ、職員配置もきわめて厳しい実情にあるということです。こうした中でも、就労支援や生活介護に引けを取らない活動を行ない、地域において欠かすことのできない資源になっているのです。

各地の地域活動支援センターの現場を訪れて実感することは、「小規模作業所の時のまま、国に見捨てられてしまった」にもかかわらず、みんながんばっているということです。そして、「小規模作業所問題は、未だ解決していない」ということです。

第3章　「働くこと」の意味と歴史、そして世界の水準

「働くこと」の起源から「賃労働」への発展

■「働くこと」の起源

「障害のある人の働くこと」を考える前に、そもそも「人にとって働くこと」の意味を考えたいと思います。

数年前に、ＮＨＫスペシャルで『病の起源』という番組が放送されました。番組では、人は猿から人間に進化することによって多くの能力を獲得し、高度な社会や文明を築いてきたこと、そしてそれが、皮肉にも『負の宿命』として、「人間になってしまったことによって背負った病がある」と述べています。

たとえば心臓病は、直立二足歩行を獲得したことによって、頭のてっぺんから足の先まで血を循環させるために、心臓に巨大ポンプの役割を負わせてしまっている結果、発症してしまうそうです。また脳卒中などの脳血管の病気も、労働によって言語と知識を獲得した人間の進化によって、超肥大化した脳とそこに張り巡らされたきわめて細い血管への過重な負担の結果です。腰痛も、うつ病も、がんも、直立二足歩行を獲得したことによって、高度な知的能力や生活文化、社会を創り上げたことによって、背負ってしまった「宿命としての病」だそうです。

このＮＨＫスペシャルは、「病の起源」がテーマでしたが、人間は「宿命としての病」を負う前に、直立二足歩行の獲得によって、人が人間として発達・成長するうえで、最も欠かすことのできない営みを獲得しました。それが労働＝「働くこと」です。

そしてこの労働は、働くために必要な道具を創りだし、また道具による労働の獲得・発展は、集団による狩猟、農耕、生産に発展しました。その集団による労働の必要性から、意思の伝達としての言語によるコミュニケーションを生み出し、それを伝達・伝承するために文字が生まれ、文化や科学に発展し、社会が形成されました。

■労働＝賃労働ではない

今日では、誰もが知っている当たり前のことですが、労働は、人が人間として発達・成長するための源泉です。類人猿から石器を使う原人に進化し、さらに最初のホモサピエンス（人類）がアフリカで誕生したのが20万年前といわれています。ホモサピエンスは「知恵のある人」という意味で、労働によって言語を獲得した現在の人類の起源です。

人が人間として進化する営みとして労働を獲得したのが20万年前、日本に最初の人間社会（国）である「大和朝廷」が誕生したのは１７００年前でした。また、武士階級による封建社会の登場といわれている鎌倉時代は８００年前でした。

その時代の日本の庶民の労働は、土地を持たない小作農民が多くを占め、領主に年貢米を取り立てられる農奴（奴隷）という状態でした。ちなみに漁業を生業としている漁民はこの頃からいましたが、漁業は、専門的な技術労働・産業として発展し、小作農民の農業とは少し異なって位置づいていたようです。鎌倉・室町時代には沖合漁業が、江戸時代には遠洋漁業がすすみ、そうした技術の発展に伴って、漁場での貨幣の交換が行なわれ、農業よりも市場化が早くすすんだようですが、当時の圧倒的な庶民は小作農民でした。ようやく本格的な市場経済と、労働によって賃金を得る「賃労働」が成立したのは、ヨーロッパでいえば1700年代半ばの産業革命以降、日本では明治維新以降ですから、わずか150年前のことです。

ここで気づいてほしいことがあります。現代社会の労働しか知らないわたしたちは、労働=賃労働と思いがちですが、それは間違いです。実は20万年という長い労働の歴史のうち、賃労働という労働形態の歴史は、産業革命から数えても、わずか800分の1の歴史しか歩んでいないのです。

「権利としての労働」と世界の水準

(1) ILOの果たしてきた画期的な役割

■世界が大切にしてきた「働くことの尊さ」とその保障ルール

みなさんは、ILOをご存知でしょうか。1919年に、第一次世界大戦の停戦締結を交したヴェルサイユ平和会議で設立された国際労働機関（以下、ILO）です。この設立の経緯からも明らかなようにILOの原点は、戦争のない平和な世界を築くことにあります。そのために、人が人間として生きることができる社会保障の創設と、その前提として市場経済と賃労働に社会的なルールをつくることをめざしました。戦争とルールなき市場経済、あるいは平和と安定した社会保障に、どのような関係があるのでしょうか。

過去の戦争の多くは、政治力・経済力をもった大国が、発展途上国等の生産物と、そこで働く人たちを安上がりな労働力として力ずくで手に入れようと、植民地を拡大するために侵略することを目的に起こされてきました。だからこそILOは、大国や大企業が強欲に市場を拡大しないように、働く人の権利を守るためのルールを国際基準として定めました。

ＩＬＯは、設立された年にワシントンで第1回の総会を開き、最初のＩＬＯの条約として、1日8時間、1週48時間とする「国際労働規約」を決めました。また最低賃金の導入や失業者のための生活保障をはじめ、母性の保護、女性と子どもの夜間労働の規制の条約も決めました。

このＩＬＯの国際労働規約に先駆けて、１８７３年に世界で初めて女子の8時間労働法を制定したのは、ニュージーランドでした。また最低賃金制度も、１８９４年のニュージーランドの導入が世界初でした。次いで１８９６年のオーストラリア（ビクトリア州）、１９０９年のイギリス、１９１２年のアメリカ（マサチューセッツ州）、１９１５年のフランス、１９１７年のカナダ（アルバータ州）というように、オセアニアや欧米の国々では、第一次世界大戦以前に最低賃金制度がつくられ、それらをモデルに１９１９年のＩＬＯの国際労働規約に結びつきました。

ちなみに、ニュージーランドが女子の8時間労働制の法律を制定した頃の日本は、明治維新の直後で、国民の圧倒的多くは小作農民でしたから、「労働権」などという言葉も法律もありませんでした。日本が労働についての法律を制定したのは１９１１年で、15歳未満の子どもの労働時間を12時間と定めた工場法を制定しました。しかしこの工場法は、働く人たちの労働権を守るために定めた法律ではなく、工場等の企業主に対する雇用の基準としてつくられました。しかも、この法律が実施されたのは15年後、１９２６年の昭和元年です。つまりそれまでは、15歳未満の子どもたちも1日14時間働かされていたのです。

日本が1日8時間労働制を法制化したのは、第二次世界大戦で敗戦した後の１９４７年の労働基準法の制定においてでした。また日本の最低賃金制度の導入は、高度経済成長の最中の１９５９年でしたから、オセアニアや欧米の国々がＩＬＯの定めた労働保障のルールを国内の法律として制定した時期から、日本は四半世紀から半世紀も遅れていました。『蟹工船』や『女工哀史』にみられる過酷な労働は、こうした未権利のもとで放置されていたのです。

■「権利としての労働」は戦争の反省から

ところが今度は、ドイツ・イタリアがヨーロッパで、日本がアジア・太平洋地域で、経済圏と領土の拡大に動きはじめ、再び世界の国と人々が、戦火の渦に巻き込まれていきます。日本が中国に戦争を仕掛けた直後、1939年のナチス・ドイツのポーランド侵攻によって第二次世界大戦が勃発しました。そしてスウェーデンやスイス、スペインなどの中立の国を除いて、多くの国々がこの世界大戦に巻き込まれたことによって、ILOの活動はたいへんな困難を余儀なくされてしまいました。

けれどもILOは、世界大戦の真っただ中の1942年、大戦後の労働保障や社会保障の権利を確立し、強欲な市場と領土の拡大を終結させ、もう一度世界の平和を築くために、「社会保障への途」を提唱しました。これは、第二次世界大戦を早く終結させ、戦争のない平和な社会を築くために、世界各国に社会保障・労働保障の法律・制度を築くことを呼びかけたのです。

具体的には、貧しい人への施しとしての救貧法ではなく、人々の権利として「頼りがいのある所得保障」を社会保障の基本とすることと、社会保険による支え合いのしくみ、そして高齢者や障害のある人への年金給付、母子手当、失業手当、医療保障などの創設を世界の国々に呼びかけました。

そこで注目すべきは、大戦終結直前の1944年、ILOはアメリカのフィラデルフィアで宣言を発表し、そこにILO創設時の1919年から掲げてきた「労働は商品ではない」ことを改めて盛り込んだ点です。「働くこと」は、人間としての権利であり、市場経済のもとでは賃労働であっても、「人身売買」のように労働力を売り買いする、他の商品と同じように「生産調整」や「在庫調整」するような扱いをしてはならないという意味です。

戦時中ナチス・ドイツは、ユダヤ人を大量虐殺したすべての強制収容所の門に、「ARBEIT MACH

ＴＦＲＥＩ(働けば自由になれる)」というスローガンを掲げていました。そのスローガンのもとでナチスは、奴隷労働を強制し、その過酷な労働に耐えられない人から選別・殺戮するというように、労働を悪用しました。ＩＬＯの「奴隷労働の禁止」や「労働は商品ではない」という考えは、このナチスの奴隷労働に対する批判として、改めて強調されたのです。

(2) いまなぜ、ディーセント・ワークと「社会の床」なのか

■ディーセント・ワークの意味

第二次世界大戦後も、戦争や紛争は世界各地で続いてしまいました。いまも、その最中にある国や民族、また戦争を仕掛ける危険性を孕んだ国は存在します。けれども、世界の国の多くは、ＩＬＯの「社会保障への途」をモデルに、各国の社会保障や労働保障制度を確立し、市場経済に対するルールを築いていきました。

しかし、１９７３年のオイルショック以降、世界の経済は失速していきました。80年代には、先進諸国が財政再建のために、大幅な抑制策や間接税（消費税）などを導入しました。バブル経済の崩壊などが追い打ちとなって、90年代も経済の低迷は続き、「失われた20年」とまで言われました。そしてリーマンショックが世界を震撼させ、先進諸国では一部の裕福な人々と貧困層の格差がひろがり、発展途上国には貧困と不健康が蔓延してしまいました。

こうした事態に危機感を募らせたＩＬＯは、１９９９年にディーセント・ワークを提唱しました。一般的には、「働きがいのある人間らしい労働」や「尊厳のある労働」と訳されていますが、なぜＩＬＯは、この時期にこうした提唱をしたのでしょうか。その理由を、ディーセント・ワークを実現するためにＩＬＯが２００８年に決めた、四つの目標から考えてみましょう。

第一には、各国や企業は、働いて生計を立てられる仕事を創出することです。

第二には、各国政府は、ケガや病気・障害などで十分な就労所得を得にくい人たちの社会保障を充実させることと併せて、安全で健康的に働き続ける労働条件や社会的保障（雇用保険等）を充実させることです。

第三には、政府・労働者・使用者（雇用主）は、職場での問題や紛争を平和的に解決するための対話をすすめることです。

第四には、これらの目標を達成するためにも、団結権や団体交渉権などの基本原則と労働者の権利を尊重・保障することです。

このように、ディーセント・ワークの提唱の背景には、先進諸国の長引く経済不況のもとで増大する各国の失業者、またパートなどの非正規雇用の急増など「労働からの疎外」に対する強い危機感がありました。そのためＩＬＯは、ディーセント・ワークの実現によって、生計をたてられる仕事を確保することを各国政府に呼びかけていますが、それだけではありません。

併せて正規雇用や週40時間のフルタイムの仕事に就くことが困難な「ケガや病気・障害などで十分な就労所得を得にくい人たち」の所得保障の充実も同様に強調し、これらを実現することがディーセント・ワークをめざす社会のあり方だとしたのです。

■「社会の床」を築くこと

さらにＩＬＯは、一部の裕福な人々と大多数の貧困な人々との格差が、世界各地に急速にひろがる問題に対しても、強い危機感を募らせました。それは、前述したディーセント・ワーク実現の第二の要素をもっと具体化した「社会的保護の床」の提唱です（以下、「社会の床」）。

きっかけは、アメリカのリーマンショックによる世界的な金融・経済危機の煽りを受けた発展途上国の貧困の更なる進行と、先進国における貧富の格差の急速な拡大です。「世界の５人に４人が、適度な食糧、住宅、水、教育、健康を保つための十分な所得がなく、きわめて苦しい暮らしを余儀なくされている」と、世界の人々の貧困問題を早急に解決しなければならないという危機感を、ＩＬＯは強めたのです。

貧困問題では、セーフティーネットという言葉をよく聞きますが、このＩＬＯの「社会の床」の考え方は、それとはまったく異なります。セーフティーネットの考え方は、貧困に陥ってしまった人々のために「救済のネットを張り巡らすこと」です。それに対してＩＬＯの「社会の床」は、すべての国の社会的な保障を必要とする高齢者、病気の人、障害のある人、そして子どもたちが、貧困に陥る可能性を常にはらんだ危うい生活を送るのではなく、「最低限の社会生活を送るための床」を保障する考え方です。つまり「社会の床」とは、つまずいたり、転んだりして貧困に落ちたときに受けとめるセーフティーネットではなく、「普通の暮らしを毎日営むための基盤」のことなのです。

２０１２年、ＩＬＯは各国の事情を考慮しながらも、世界の国々に対して、「社会の床」の最低要件として、四つの基礎的な土台を勧告しました。

第一には、利用手続き、機会の保障、受け入れなどに制約を伴わない、一定の質を満たした保健サービスを提供することです。

第二には、すべての子どもたちに対して、少なくとも最低限の水準として基本所得を保障するとともに、教育・保健とその他の必要なサービスを提供することです。

第三には、疾病、失業、母性、障害のある人たちに対して、少なくとも最低限の水準として基本所得を保障することです。

第四には、高齢の人たちに対して、少なくとも最低限の水準としての基本所得を保障することです。

この四つが、ＩＬＯの勧告した「社会の床」の土台ですが、まとめると、「誰もがいつでも受けられる保健サービスと基本所得の保障」となります。基本所得の保障の前提に「少なくとも最低限の水準として」が、くり返されているのは、各国の事情を考慮しているためです。

つまりＩＬＯは、世界の二度にわたる大戦の反省から、平和な社会を維持・発展させるためには、市場経済を基盤としつつも一定のルールを課し、人としての尊厳をもって「働きがいある仕事」が保障され、貧富の差がなく誰もが安心して暮らせる「社会の床」を築くことが必要であると提唱しているのです。

なお日本経済団体連合会は、この「社会の床」を「世代ごとの負担能力を考慮しつつ、財政的・経済的に持続可能な社会的保護の床を構築するために必要な財源を確保すべく、国情に応じた多様な手法を講じるべき」という記述から、わが国の「社会保障・税の一体改革の議論にも相通ずるものがある」と説明しています。けれども、この説明には違和感が残ります。

たしかにＩＬＯの勧告等は、「あなたの国は、こうしなければならない」と強制するものではありません。しかしＩＬＯは、政府の責任で国民のための社会保障の基礎となる「社会の床」をつくることを求めているのであって、わが国の「社会保障・税の一体改革」は、社会保障を削減・抑制することを主目的としていますから、根本的な考え方が違うことは明らかです。

（3）福祉先進国だったイギリスの悲劇

■「福祉から就労へ」の強要がもたらした結末

ところがＩＬＯの「社会保障への途」の作成に大きな影響を与え、福祉先進国として世界をリードしてきたイギリスでは、「社会の床」が崩れ落ち、ディーセント・ワークとはほど遠い事態が起きていました。

華やかに開催され、たくさんの新記録と感動を残したロンドンオリンピック・パラリンピックは、まだ記憶に新しいところでしょう。しかしその華やかさの裏側では、痛ましい悲劇が起こっていました。

オリンピック開催を目前に控え、沸き立っていたイギリスでは、１００人以上の障害のある人たちが自ら生命を絶ってしまいました。その原因は、日本の生活保護に相当する就労不能給付のカットでした。

なぜ、こうした悲劇が起こったのでしょうか。じつはその頃イギリスでは、２０１３年10月実施にむけて、生活困窮者や母子、そして障害のある人たちへのさまざまな生活保障給付を、ユニバーサル・クレジットとして一元化する準備をすすめていました。

イギリスには、日本の障害基礎年金のような制度はなく、障害のある人は生活困窮者と同じように、就労不能給付を受けて、最低生活水準が保障されていました。しかしこの給付を受けると働くことができませんでした。つまり「福祉か就労か」の二者択一をせまる制度だったのです。その就労不能給付をユニバーサル・クレジットに移行するためにイギリス政府は就労義務を強めました。つまり、「福祉か就労か」の二者択一的な制度から、「福祉から就労へ」を強要する追い出し政策に転換したのです。

具体的には、就労能力の判定をコンピュータソフトで行なうようになりました。その結果、この給付を受けていた障害のある人の約6割の人たちに「就労可能」という判定結果がコンピュータではじかれ、給付が全額カットされてしまったのです。その結果、１００人以上もの人たちが自ら生命を絶ったのです。

皮肉にも、その就労能力判定ソフトを開発した企業は、ロンドン・パラリンピックのスポンサーでもありました。給付をカットされてしまった障害のある人たちは、再審査を求め、多くの人が「判定結果の誤り」という結果が出されたため、それ以降、給付の復活を求める裁判や就労能力判定の再審査を求める動きが、各地で起こったといわれています(独立行政法人　労働政策研究・研修機構「海外労働情報」２０１２年5月)。

■保護雇用レンプロイ閉鎖の衝撃

「揺りかごから墓場まで」と評されたイギリスで、どうしてこのような事態が生じたのでしょうか。それは、「福祉か就労か」の二者択一制度から、２００8年以降すすめられてきた、強制的な「福祉から就労へ」

の追い出し政策への転換にあります。その象徴的な出来事は、前述した就労不能給付のユニバーサル・クレジットへの変更ですが、それだけではありませんでした。

イギリスは、１９４５年の第二次世界大戦終結の年に、障害者雇用法を制定し、レンプロイという障害のある人たちの保護雇用の場を公営で創設しました。もちろん、この制度の創設の背景には、ＩＬＯの「社会保障への途」がありました。１９８０年代になると、「鋼鉄の女」と呼ばれ、次々と福祉国家イギリスの先駆的な制度の削減に大ナタを振るったサッチャー政権のもとでも、障害のある人の保護雇用の場レンプロイは、全国94カ所に工場を設置し、１万人以上の障害のある人たちの保護的な雇用の場として欠かせない存在でした。

しかしイギリス政府は、２００８年にレンプロイの閉鎖を決定し、２０１３年には、ほとんどを閉鎖してしまいました。そして、職を失った障害のある人たちはジョブブローカー（職業仲介者）や、ジョブチョイス（職業紹介）という制度で新たな仕事を捜しましたが、リーマンショックの煽りを受けた不景気の真っただ中で、障害のある人たちを受け入れる企業は、そう多くありませんでした。しかも、生活のための就労不能給付がカットされる事態のもとでしたから、障害のある人たちにとっての２０１２年は、オリンピック・パラリンピックどころではなかったのです。

このイギリス政府の生活・就労保障制度の見直しは、セーフティーネットの強化というよりも、「トランポリン型福祉」への転換といわれています。「貧困からの脱却」や「就労自立」、そして「ワーク・ライフ・バランス」といった美名のもとで、生活保障の公的給付を抑制しつつ、貧困に陥らないようにするため、就労へ強引に追いたてる政策に重点がおかれ、本人の意思よりも財源問題優先の視点から、「トランポリン型福祉」で「就労へ跳ね返す」という考え方です。これが、「イギリスの失敗と悲劇」の最大の原因でした。

強引な「福祉から就労へ」、「生活保障給付から就労所得へ」のイギリス政府の政策転換は、いまの日本の政策にどこか似ていると思いませんか。障害支援区分で利用対象を絞り込んだ生活介護、「就労体験」と65歳未満などのさまざまな要件を課した就労継続支援B型、そして2年間の利用期限を設けた就労移行支援など、法律・制度によって制約や制限を設けて、「福祉から就労へ追いたてるしくみ」だけでは、日本もイギリスと同じ失敗をくり返すのではないかと強い危惧を抱いてしまいます。

くり返しますが、働いて賃金収入を得ることは、障害のある人にとっても大切なことです。しかし、財源問題を理由に、本人の意思を度外視して就労に追いたてることは誤りです。日本も、２０２０年にはオリンピック・パラリンピックを開催します。そのとき、イギリスと同じ悲劇をくり返してはならないはずです。

第4章　障害のある人にとって「働くこと」って、何だろう?

「障害のある人は働けない」

(1) 障害のある人が社会から排除された時代

いま、きょうされんに加盟する障害者就労継続支援や移行支援、また生活介護という事業所で働く職員たちでさえ、「無認可共同作業所」という言葉を知らない人が多くなってきました。それは当然といえば、当然のことなのかもしれません。

障害者自立支援法が実施される前までは、多額の自己資金を捻出して社会福祉法人を取得しなければ、障害者福祉法等にもとづく法定施設を設置することはできませんでした。そのため、多額の資金や施設を建設するための土地を確保できない多くの共同作業所は、「無認可法外」とされ、自治体の支援によって運営を支えていました。

ところが自立支援法が実施されてからは、NPO法人や営利企業も参入することが可能になり、しかも賃貸物件の建物でも法定事業を運営することができるようになったため、全国各地の「無認可法外」の共同作業所の多くは、自立支援法の事業体系に移行してきました。

つまり、「無認可法外」という言葉自体が死語になりつつあるため、自立支援法以降に就職した職員たちには馴染みのない言葉なのです。

それだけではありません。かつて、障害のある人が「働けない」と決めつけられていた時代、「どんなに重い障害があっても働きたい」という本人の願いが、共同作業所を生んだ事実も、遠い過去の記憶になりつつあります。

■学校教育から排除されてきた重い障害のある人たち

障害のある人は「働けない」とレッテルを貼った時代の社会は、そもそも障害のある人を「働くこと」から締め出すだけでなく、学校教育からも排除していました。それが三〇数年前の１９７０年代までの障害のある人たちの現実でした。

それまで、義務教育を受けられる年齢に達した障害のある子どもたちは、学校に入学することを希望しても、学校に入れてもらえない時代がありました。勉強が嫌いでも6歳になると、義務教育制度によって学校に入学できることは、誰もが知っている当たり前のことです。しかし障害のある子どもたちは、入学できる障害の軽い子と、入学できない重い子に選別され、多くの重い障害のある子どもたちは、入学することを阻まれていました。しかも学校側から「入学できません」と、あからさまに断ることができないため、学校教育を受けさせる義務を負っている親たちに、「就学の猶予」を自ら申し出させ辞退させるのです。それこそ権利の放棄を行政や学校側が押し付けていたのです。

重い障害があっても学校教育を受けられる、つまりすべての重い障害のある子どもたちの教育を受ける権利が保障されるようになったのは、「養護学校の義務化」を実現した１９７９年でした。戦後日本に、教育を受ける権利にもとづいた義務教育制度ができてから32年も遅れて、障害のある人たちの実質的な義務教育が実現したのです。

そんな時代があったことを、知る由もない人たちも多いでしょう。今日では、どんな重い障害があっても、学校に入学できることは、当たり前になっているからです。

■会社から排除されてきた重い障害のある人たち

ところが今度は、学校を卒業したあと、重い障害のある人たちの働く場がありませんでした。すべての障害のある子どもたちの学校教育を受ける権利は実現したものの、「障害者は働けない」という風潮は社会と制度に色濃く残っていました。

当時、高等部の卒業式で、卒業生を送り出す教員たちは、うれし涙ではなく、行き場のない卒業生を前に、不安と憤りの思いにかられ、悔し涙を流したそうです。

障害のある人の雇用についての法律は、１９６０年に身体障害者雇用促進法として制定されていました。しかし法律名にあるように、身体障害のある人だけが対象で、役所や企業に対して、一定数の障害のある人の雇用を義務づける「法定雇用率」が義務化されたのは、法律制定から16年後の１９７６年でした。知的障害の人が「法定雇用率」で義務化されたのは１９９７年、そして精神障害のある人に至っては２０１３年でした。つい最近のことなのです。しかもこの「法定雇用率」は、法制定から50年を経てもなお、未だ達成されていないのです。

さらに、「障害の重い人を1人雇うと2人雇用したことにできる」ダブルカウント制度が導入されていることは各方面から問題視されています。このダブルカウント分を差し引いた場合、公表されている実雇用者数の47万人は、おそらく37万5千人ぐらいに留まるといわれています。

このように日本の障害者雇用の法制度は、深刻な課題を抱えているのです。

（2）福祉施設からも見放されてきた重い障害のある人たち

では、企業就職から排除されてきた重い障害のある人たちの働く場を福祉の制度が支えていたかというと、そうではありませんでした。自立支援法が制定されるまでは、表にあるように、主に「授産施設」という施設制度が受皿になっていましたが、この福祉施設制度も欠陥だらけで、その設置数も少なかったため、多くの重い障害のある人を排除してきました。

施設制度の名前が象徴するように「産業を授ける」という意味が強く、敗戦直後の日本で、戦地から帰ってきた傷痍軍人（戦争で障害を負った軍人）に産業を授けるという趣旨から「社会事業授産施設」として制度化されたのが戦後の始まりでした。授産という言葉には、「仕事を施す」という意味合いが強くあり、「権利としての労働」などという視点はまったくありませんでした。

また、通所の授産施設制度ができたのは70年代、精神障害を対象としたのは1988年で、当初から軽い障害のある人ばかりを対象とし、頑なに障害種別に徹底的にこだわり、さまざまな障害をもった人がいっしょに利用できる制度ではありませでした。さらにこれらの通所の授産施設を設置するためには、社会福祉法人を取得しなければならないため、多額の資金が必要でした。

しかし1990年から2000年の時期には、全国各地にひろがった無認可の共同作業所づくりに押されるように、障害種別を超えた利用を認めるようになり、法人取得の高いハードルだった資産を軽減するなどの制度改革がすすみました。

共同作業所の多くが、授産施設制度を利用して社会福祉法人を取得することによって、必然的に、重い障害のある人たちが利用する「授産施設」も多くなり、厚労省としても1990年代の後半から、授産施設制度の今後のあり方を検討せざるを得なくなっていったのです。

年代	雇用法制度	障害福祉法等による授産施設制度
1960年代	(1960) 身体障害者雇用促進法の成立 ・雇用労働者 77 人以上の事業所に、努力規定として雇用率 (1.3%) を導入	(1967)知的障害者授産施設(通所)制度を創設
1970年代	(1976)身体障害者雇用促進法の改正 ・雇用率対象事業所の雇用労働者数を 67 人以上に、法定雇用率を 1.5%に変更 ・身体障害者の法定雇用率を義務化 ・未達成企業に対する雇用納付金の導入 ・重度身体障害者のダブルカウント制を導入	(1970)心身障害者対策基本法の成立 ・精神障害は対象外とされた (1973)身体障害者福祉工場を創設 (1979)身体障害者通所授産施設制度を創設
1980年代	(1987)障害者の雇用促進等に関する法律に改正 ・知的障害者を雇用率の対象に (1988)雇用率対象事業所の雇用労働者数を 63 人以上に、法定雇用率を 1.6%に変更	(1985)知的障害者福祉工場を創設 (1988)精神障害者通所授産施設制度を創設
1990年代	(1991)厚生省と労働省統合 (22 省庁を 12 省庁に) (1992)重度知的障害者のダブルカウント制を導入 (1997)知的障害者の雇用義務化 (1999)雇用率対象事業所の雇用労働者数を 56 人以上に、法定雇用率を 1.8%に変更 (1999)障害者施行(トライアル)雇用を開始	(1990) 授産施設分場制度を導入 (1990) 身体障害者通所授産に混合利用を導入 (1993) 知的障害者通所授産に相互利用を導入 (1993) 精神障害者福祉工場を創設
2000年代	(2002)障害者雇用支援センターを都道府県(地域)障害者職業センターへ移行、障害者就業・生活支援センターを設置 (2002) 職場適応援助者 (ジョブコーチ) 制度の導入 (2005)精神障害者を雇用率対象に (2013)法定雇用率を 2.0%に変更 (2013)精神障害者の雇用義務化 (2018 年実施)	(2000)小規模通所授産施設制度を創設 (2005)障害者自立支援法成立 (2012)授産施設制度等の廃止期限 (3 月末) (2012)障害者総合支援法成立

(小野浩作成)

共同作業所の誕生と育まれた力

（1）ゆたか共同作業所が拓《ひら》いた新しい考え方

前述したように、会社からも福祉施設からも、重い障害のある人が排除され、「働くこと」が保障されなかった時代に誕生したのが共同作業所でした。1969年に、障害のある人の家族と学校教員、支援者たちの協力で設立された名古屋市の「ゆたか共同作業所」が、わが国の共同作業所第1号でした。

高度経済成長の1960年代、「金の卵」と呼ばれた地方の青年たちは、企業の働き手として都市部に大量に集中していました。そんな好景気の1968年、名古屋市南部の工業地域で、学校で友だちと机を並べて学ぶことも許されず、企業から就職の声もかからず働く場もなく、ただ家の中に閉じこもるだけの生活を強いられていた障害のある人の家族たちが集まり、ある中小企業からの仕事の受注を受けスタートした名古屋グッドウィル工場が、「ゆたか共同作業所」の始まりでした。その工場はわずか50坪で、ドラム楽器の組立を行なう作業場でしたが、障害のある人たちにとっては、初めて社会とつながった「自分たちの仕事」でした。

ところがわずか1年足らずで親会社が倒産してしまい、工場の存続は危機に陥りました。国や自治体からの公的な支援などまったくなかった時代です。この工場の閉鎖をきっかけに、市民や中小企業などの協力を

ゆたか共同作業所の無認可時代

得て設立したのが「ゆたか共同作業所」でした。

名古屋グッドウィル工場での仕事を通じて、また工場の閉鎖の事態を乗り越える模索の中で、「障害のある人たちの労働保障」の基本視点と、その事業運営の考え方が整理されたそうです。それらは以下の五つの点です。

①本人の「働きたい」という願いに根差し、障害のある人を主人公として位置づけること。
②たとえ障害があっても、働く仲間どうしの対等・平等の関係を大切にすること。
③労働を一人ひとりの発達と成長の権利として位置づけること。
④仕事に障害のある人をあわせるのではなく、障害のある人に仕事をあわせる視点。
⑤利用者家族や関係者、職員による共同の運営を大切にし、運動を基盤とする。

（出典：「ゆたか作業所」ミネルヴァ書房）

（2）共同作業所運動が育んできた考え方

名古屋グッドウィル工場時代に確立した五つの視点は、その後の「ゆたか共同作業所」に引き継がれ、1972年の社会福祉法人ゆたか福祉会の設立認可と、障害者通所授産施設として法定化するなかでも見失われず、大切な視点として発展しました。つまり法人認可したからといって、「施しとしての授産」ではなく、障害のある人の働きたいという願いを基本に、働くことを通して一人の社会人としての発達と成長を権利として保障するという考え方が大切にされました。

こうした、これまでの日本になかった考え方や実現方法は、新鮮さと新たな希望として全国各地にひろがり、「ゆたか共同作業所」をモデルとした共同作業所づくり運動は、全国の障害のある人の家族や関係者にひろがりました。

しかし多くの共同作業所は、「無認可法外」という厳しい運営を強いられていました。そのため各地の共同作業所は、都道府県などの自治体の補助金制度の創設運動にとりくみ、1988年にはすべての都道府県に補助金制度が確立しました。共同作業所の設置数も、1990年代後半には全国6千カ所にまでひろがりました。

今では想像もつかないと思いますが、全国各地の共同作業所のほとんどは「無認可法外」という状態、つまり法律の外におかれ、自治体の補助金によって運営していたのです。

しかしたとえ無認可法外であっても、その視点や共通の理念は、次のような形で多くの共同作業所で大切にされ、継承されてきました。

○重い障害があっても、本人の「働きたい」という願いを大切にし、「権利としての労働」をめざす。
○他者や集団と関わり、自らの存在意義の理解を保障し、働くなかでの発達と成長を大切にする。
○本人の潜む力を引き出すために、仕事に障害をあわせるのではなく、障害にあった仕事を保障する。
○社会との結びつきを大切にし、社会参加を保障するとともに、障害に理解のある社会をつくる。

あたりまえに働き、えらべるくらしのために

(1) いまの制度の延長線で未来像は描くことができない

■三つの事業体系に再編

きょうされんでは、自立支援法施行の2年後の2008年に、「就労・日中活動の体系についての提言」をまとめました。自立支援法は、2013年に総合支援法に変わりましたが、応益負担の基本的なしくみと課税世帯への負担は残されたままであり、事業体系の問題点も何も変わりませんでした。その意味では、2008年の提言で指摘した考え方や、事業・制度の体系の方向性についての考え方は、いまも変わりはあ

りません。

第一の基本的な考え方は、福祉施策と就労施策を一体的に運用できるようにすることです。つまり「福祉か就労か」ではなく、また「福祉から就労へ」でもなく、「福祉も就労も」ということです。

自立支援法以降、就労施策は充実した面もありますが、法律や制度の考え方は、就労や雇用の制度と、社会保障や福祉の制度は別々の法律に分かれており、連携・連動した制度・施策になっていません。

前述したイギリスの失敗は、福祉事務所とハローワークのような、福祉と就労の行政の窓口を「ジョブセンター・プラス」として一体化したことに端を発します。その一体化によって福祉と就労が有機的に連携できればよかったのですが、その「ジョブセンター・プラス」設置の目的は、生活保障の給付を減らし就労義務を強化することにありました。非正規雇用だろうが短時間労働だろうが、とにかく生活保障給付を減らし、「就労に追いたてる」ことを目的としていたのです。このイギリスの失敗は、「福祉か就労か」から「福祉から就労へ」への変更だけではダメだということを物語っています。

第二には、福祉と就労施策の一体的な運用のもとで、次頁の図のように三つの事業種別に整理することです。これは「介護か訓練か」という現在の事業体系を前提としません。また、生活保障としての公的給付の制度をベースにしつつ、就労施策を連動できるようにし、三つの事業種別は、障害のある人の意思と障害の状況に応じて選択できるしくみにします。福祉と就労施策の一体的な支援のもとで、一般就労や自営業でも、障害への配慮を得ながら希望をもって働ける条件をつくり、がんばって働く意欲と姿勢を支え続けることが大切です。もちろん、地域就労センターやデイアクティビティセンター等に利用期限を設けて、「一般就労に追いたてる」というしくみは、ふさわしくありません。

第三には、障害支援区分のような医学モデルにもとづく障害区分の判定で、機械的に振り分けるのではなく、「働くことの困難や障壁」を評価し、本人の意思とともにその評価を尊重して選択できるしくみにすべ

障害のある人の就労・活動支援のイメージ

きょうされん（2008年12月）

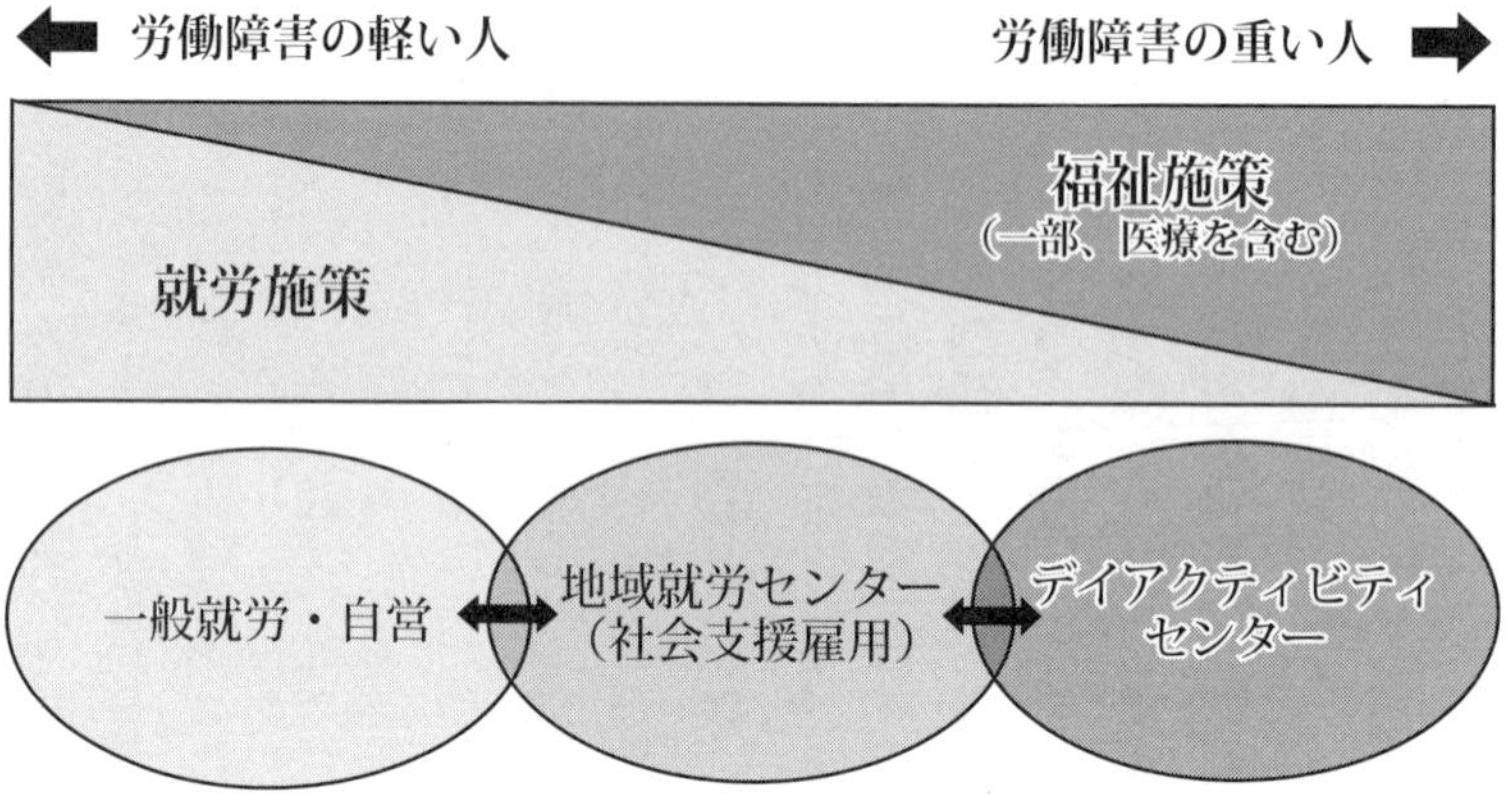

労働障害の軽い人
労働障害の重い人
福祉施策
（一部、医療を含む）
就労施策
一般就労・自営
地域就労センター
（社会支援雇用）
デイアクティビティ
センター

きです。

■必要な法律や制度の改革

障害のある人の権利として「福祉も就労も」一体的に保障・支援する制度は、介護保険との統合を目的とした総合支援法や、事業者のための障害者雇用促進法の延長線で展望することはできません。またその他にも関連する法律・制度を総合的に改革する必要があります。

第一に、各障害別の福祉法を見直し、障害の判定・等級、手帳制度を抜本的に改めることです。

第二に、年金法を改革し、医学判定によるしくみから、社会生活上の必要性から判定し、支給額も生活に必要な水準を確保し、対象となる障害の範囲も拡大することです。

第三に、総合支援法と障害者雇用促進法に代わる、障害のある人の権利としての福祉と就労を支える法制度を確立し、財源も連動できるしくみにする必要があります。たとえば通勤支援や、人的支援を含む職場における合理的配慮なども、雇用保険制度を含む就労制度分野の財源によって支えるべきです。

第四に、就労や福祉における権利の保障と差別の撤廃のための関連法の改正や必要な法整備が求められます。

障害者権利条約の批准から求められる国内法の改正は、その他の多くの法律・制度に及びますが、「福祉も就労も」の法制度改革は、最低でも前述の法制度の改革が求められます。

（2）共同作業所における労働保障の視点と今後の課題

自立支援法や、その後の総合支援法のもとでの、障害のある人たちの就労支援施策の負の傾向を踏まえ、労働そのものが培ってきた人間の発達・成長にとっての意義と、第2次世界大戦の反省のもと世界で確立されてきた「権利としての労働」、そして出遅れた日本の障害福祉制度のもとでの共同作業所の実践と運動の意義を踏まえて、最後に、わたしたちが日常のなかで、障害のある人たちの「働くこと」を支える大切な視点を整理したいと思います。

■障害のある人を主人公に

第一に、法律や制度によって、「働くこと」あるいは「働かないこと」を一方的に決めないことです。「働くこと」も「働かないこと」も、本人自らが決めることを尊重してこそ、本人の「働きたい」に寄り添った就労の保障になるのです。給付費目あての数合わせで無理やり登録させ、しかも本人の希望を無視して「1日4時間まで」という制約を伴った「悪しきA型事業所」の働き方は、本人主体の「働くこと」ではありません。それでは、障害のある人たちが社会で自信や張り合いをもって、あたりまえに働く支援につながりません。

その際、自ら「働きたい」という希望を伝えることが困難な場合や、メンタル等の不安定な状態のもとで「働きたくない」と主張する場合なども、本人を尊重する視点に立たなければ、本人の潜在的な希望を引き出し、それに依拠する支援につながりません。もちろん、本人の障害の状況や状態から、「働くこと」がふさわしい活動でない場合もあります。その場合も、本人を主体に支援を考えることによって、環境要因の改善や参加の支援などのあり方が浮き彫りになるのです。

決して、法律や制度によって課せられた要件・制約、医学モデルのコンピュータ判定による障害支援区分だけで、障害のある人の「働ける」「働けない」を機械的に判断しないということです。

■権利としての労働の保障

第二には、「人にとっての労働の根源的な意義」を大切にする視点から、現代社会における権利として確立された労働権保障の実現をめざす視点です。

ＩＬＯは、「労働は商品ではない」という考え方を大切にしながらも、労働力の対価としての賃金に、最低賃金制度を設けることを各国に求めています。それは、1日8時間労働制や休日保障と同じように、最低賃金を労働者と企業や政府間で決めることも、労働者が獲得してきた権利だからです。またＩＬＯは、労働三権としての団結権、団体交渉権、団体行動権（争議権）などを保障することも、勧告等で各国に求めていますが、国によってさまざまです（雇用保険や労災等の制度も国によって異なります）。

では最低賃金を下回る労働は、意味がないのでしょうか。たとえば、事業者が利益を独り占めするために賃金を最低賃金以下に抑えることは、違法なことです。また障害のある労働者が、金銭の価値を理解できないからといって、安上がりな労働を強いることも正しいことではありません。かといって、最低賃金を稼げるほどの労働力はないと決めつけて、働くことを全面的に否定してしまうことも、あってはならないことです。大切なことは、どんな障害をもっていても働く権利があり、その意思を尊重するための配慮と支援を徹底することです。それを労働における合理的配慮といいます。

その意味では、就労継続支援事業の作業所はもちろんのこと、仕事をしている生活介護の作業所なども、障害に応じた合理的配慮を徹底して、いかに工賃収入を高めるかの工夫や努力が求められます。その際、良質な仕事を確保するために、行政や企業等と連携し、市場で争える高い商品価値や作業技術の開発・獲得などが求められます。

■所得保障制度の抜本的な改革

第三に、健康で文化的な生活を権利として保障するための所得保障制度の確立と充実です。

現在の日本には、障害年金制度があります。生まれながらに障害のある人や自営業の中途障害の人は障害基礎年金、厚生年金を納付してきた民間労働者は障害厚生年金が支給されます（自治体職員など共済組合員は、障害共済年金が支給されてきましたが、２０１５年10月から障害厚生年金に一本化されます）。

けれども、すべての障害のある人が、これらの障害年金を支給されている訳ではありません。そもそも日本の障害のある人の割合（障害出現率）は、全人口のわずか6％にとどまり、ＯＥＣＤの平均10％を下回っています。この障害のある人の割合は、障害者手帳を取得している人しか含まれませんので、難病や発達障害などで、障害者手帳が交付されていない人たちは含まれていません。

しかも、この限定された障害のある人のうち、障害年金の受給者はさらに絞りこまれてしまいます。全国平均でも障害基礎年金受給者の割合は30％にとどまっています。さらにこの受給率は、都道府県によって大きな格差があり、問題になっています。

また、もっとも受給者数の多い障害基礎年金2級は月額6万4千円、1級年金でも8万円という水準ですから、国民の最低生活の基準となる生活保護費の平均額を下回ってしまいます。このように日本の障害年金制度は、ＩＬＯが提唱している「社会の床」にはほど遠く、あえてセーフティーネットというならば、「あまりにも狭く、とても低い位置に取り付けられた穴の多い網」といっても過言ではありません。

■欠かすことのできない運動の視点

さいごに、「あたりまえに働き、えらべるくらし」を実現するための運動の視点です。

この10年間の運動は、自立支援法の廃案、廃止、そして名称の変更にとどまった総合支援法の見直しの運動が、もっとも中心を占めていました。

しかし、障害のある人たちが、社会の中で自信と張り合いをもって働き、障害のない人と同等の暮らしを選べるようにするためには、総合支援法のみを改善・見直すだけでは実現できません。前述したように障害に谷間をつくらないための判定制度をはじめ、所得保障の障害年金制度、医療・保健制度の充実、住宅政策、雇用についての法律、そして差別解消法の実質化など、さまざまな法律・制度を全面的に改革していくことが求められます。

それは言うなれば、障害者権利条約そのものを国内法として実質化させることにつながっています。障害者権利条約の一つひとつの条文をひも解いて、それを一つひとつの日本の法律に照らして見直す作業は必要なことですが、一つの条文で一つの法律を見直せば事足りるということではないということです。

すなわち、これからの運動は、障害者権利条約のすべての条文を、日本の法律や制度に影響を与え、改革していく、また社会や市民の「当たり前の価値観」に浸透させる、そうした視野のひろい運動の視点が求められます。しかも、その運動の視点を継続し続け、みんなで共感しあっていくことがもっとも大切なことではないでしょうか。

《エピローグ》今日と違うあしたへ

斉藤久美子は、今日も知的障害やダウン症の人たちとともに、楽しそうに企業の下請け作業にとりくんでいた。いつも事業所全体がにぎやかなのだが、今日の事務室は、ちょっと違う雰囲気だった。

「けっこうオジサンだね」

隣りで作業をしていたパート職員のつぶやきに、「そんな言い方、失礼でしょ」と小声で返した久美子も、実は同じように感じていた。

久美子の事業所には、これまでいなかった感じの人だった。

年齢は50歳くらいで、頭もけっこう薄くなっていた。車イスに乗っていて、右手は拳を握りしめ、肘を曲げたまま胸の前でつっぱっていた。右足をフットサポートに乗せたままで、奥さんが押していたが、左足で床を蹴っていたのを久美子は確認していた。

その日の夕方のミーティングで、施設長が説明した。

「さっき主任と相談したんだけど、今日見学にみえた伊藤さんは、来週1週間、まず実習に来ます。たぶんそのまま、うちに通所することになると思うけど、よろしく頼むね。伊藤さんは、勤めていた建設会社でクモ膜下出血で倒れたらしい。見て分かるように、右上下肢の片マヒです。立ち上がることはできるけど、通常は車イスを利用しているから、正式に通所することになったら、朝夕も送迎になるから、Bコースに入ってもらおうか」

以前、久美子が働いていた高齢者施設には、右片マヒや左片マヒの人たちが多くいた。そのとき教えてもらったことで、右脳が損傷してしまうと、身体の左側にマヒが残り、半側空間無視という、見えるようで見えていないなどの症状があることは知っていた。また左脳が損傷してしまうと、失語症という読み書きや言葉が不自由になるケースがあることも知っていた。伊藤さんは、右上下肢マヒだから左脳に損傷があったのだろうけど、話はできそうだった。

けれども「コウジノウキノウ障害」という言葉は、はじめて聞いた。伊藤さんは、久美子の担当している作業班に所属することになったので、インターネットで調べてみた。

「高次脳機能障害とは、ケガや病気によって、主に前頭葉や側頭葉に損傷を負うと、記憶障害、注意障害、遂行機能障害、社会的行動障害などが現れる」と書いてあったが、よくわからなかった。

「記憶障害では、物の置き場所を忘れる、新しいできごとを覚えられないなどの症状がある。注意障害では、ぼんやりしてミスが多い、複数のことを同時に行なうと混乱してしまうなどの症状がある。遂行機能障害は、自分で計画を立てて実行することが難しいことで、社会的行動障害は、興奮したり、思い通りにならないと大声を出してしまうなどの症状がある」という説明を読んだとき、久美子が昔働いていた高齢者の施設でかかわった人たちの顔を思い浮かべた。

さっそく次の日から、伊藤さんには下請け作業の流れに入ってもらった。ところが、伊藤さんのところで流れ作業が滞ってしまう。自閉症の幸広さんは、自分の持ち場である仕上げの仕事が止まってしまうため、飛び跳ねながら指を噛み、混乱して集中できなくなってしまった。利き腕の右手が使えず、左手と顎を使って流れ作業に入っていた伊藤さんは、一生懸命だったが、製品は彼の前でどんどんたまってしまった。休憩時間をはさむと、それ以前の仕事の工程を忘れてしまって、また一から教わらなければならなかった。それが彼の障害なのだ。

職員が、「伊藤さん、こちらの仕事に変わってみましょう」と声をかけ、流れ作業から外れ、伊藤さんは単独の組立作業に変わった。そこでは一人独立の作業なので前後の流れは気にしなくてよい。

「伊藤さん、上手ですよ。きれいに仕上がっています」と作業を変更した職員が伊藤さんに声をかけると、伊藤さんからは、厳しい言葉が返ってきた。

「子ども扱いしないでくれ！」

久美子は、仕事をしながら、伊藤さんといろいろな話をした。

「もう52歳だからね。稼ぎのない親父ほど、情けないものはないよ」

「病院を退院してから、ずっと家の中にいたんだ。子どもは高校生と大学生なんだけど、こんな身体になっちゃたから、オレの言うことなんか聞かないし…」

施設長から聞いたことを久美子は聞いてみた。

「伊藤さん、最初、ケアマネージャーの紹介で、高齢者のデイサービスの見学に行ったんですよね？」

「デイサービス？　ああ、カラオケや大きなボールで遊んだり、お爺ちゃんやお婆ちゃんばっかりのところね」

伊藤さんは52歳なのに、まず高齢者のデイサービスに連れていかれた。それは、クモ膜下出血が、障害福祉より介護保険の利用を優先しなければならない「特定疾病」に含まれているからだと聞いた。

「でも、ここは楽しそうにみんな仕事をしていたから、もう一度オレにも仕事ができるかなって思ったんだ」

〝仕事がしたい。仕事をして稼いで家に帰る親父に、もう一度戻りたい〟それが伊藤さんの思いなんだと、久美子は実感した。

久美子は他の職員と協力して、左手だけでも流れ作業に入り、仕事に参加できる工夫をしようと考えた。またそのための自助具での工程は、できるだけ短い工程にし、忘れてもすぐに確認できるように、絵や写真による工程説明のボードを用意した。それによって、伊藤さんは、流れ作業に入ることができるようになった。みんなとの会話も増え、表情も明るくなってきた。おしゃべりがヒートアップしてしまい、仕事の流れが滞ってしまったときなど、伊藤さんは「こら、口じゃなくて手を動かして！」と、自ら仕事への緊張感をつくりだしてくれた。仕上げを担当している自閉症の幸広さんとの連携もできるようになり、幸広さんも伊藤さんが好きになってきたようだった。

ところがその月の工賃支給の日、伊藤さんはがっくりと肩を落とした。工賃袋の中の1万5千円を見た伊藤さんは、「こんなんじゃ、息子に小遣いもやれない…」とこぼした。さらに追い打ちをかけたのは、利用料と給食費の請求書を配ったときだった。伊藤さん以外のみんなは、障害基礎年金と工賃だけの収入なので、応益負担の利用料は上限ゼロ円だった。

それに対して伊藤さんは、奥さんが働いて生活費をまかなっているから、課税世帯になってしまう。そのため、月の応益負担は上限９３００円になり、給食費が一食３００円で1カ月の合計は６６００円、合計すると、ひと月の利用料は1万５９００円になってしまう。つまり1万5千円の工賃だけでは、赤字になってしまうのだった。

　そこで久美子たち職員は、得た収入を分配する工賃として支給するこれまでの考え方を改め、一人いくら支払うかの目標を決めた。また、そのための仕事の確保も「この程度なら」という目安ではなく、目標額に見合った仕事量の確保をめざした。作業の工程や流れも、伊藤さんと同じように、一人ひとりの困難な点に配慮するとともに、特技を精一杯生かす作業工程とそのための自助具を考え出した。とりあえず伊藤さんには、利用料と給食費を払っても手元に1万円が残るようにするために、月2万6千円の工賃目標を設定した。

　こうした見直しによって、翌月の仕事量は倍増した。伊藤さんだけでなく、みんなの仕事の質も姿勢も大きく変わってきた。

　そして翌月の工賃支給日、工賃袋をのぞいた伊藤さんに、少しだけ笑みがこぼれた。

　久美子は、なんとか伊藤さんの利用料を、みんなと同じようにゼロ円にできないだろうかと施設長に頼んでみた。しかし施設長は、「奥さんの収入が課税収入になってしまうから、しょうがないんだ。もう少し奥さんの収入が高いと、伊藤さんの利用料の上限は3万7200円になってしまう」と教えてくれた。

「でも伊藤さんの声を行政や議員に伝えることはいいことだから、一度行ってみようか。結婚している障害のある人の利用料負担が問題だと思っている行政や議会の人は少ないから」

　と、施設長は市の障害福祉課の課長と、町内会の会長の紹介で地元選出の与党系の国会議員にアポをとってくれた。

　障害福祉課の課長と国会議員に会う約束の日、久美子は、施設長と伊藤さんいっしょに、最初、市役所の障害福祉課を訪ねた。

　伊藤さんは「こんな身体になって、ただでさえ家族に苦労をかけているのに、これ以上の負担は情けないです」と訴えた。しかし障害福祉課長は、制度の説明をするだけで、「それをご理解いただくしかない」の一点張りだった。

　次に地元選出の国会議員の事務所を訪れた。町中に貼られたポスターの国会議員に、久美子ははじめて会った。懇談には秘書も同席してくれた。

久美子は、伊藤さんの生活と作業所の仕事、そして収入と利用料の実情を説明し、伊藤さん本人も直接訴えた。ところが、横で聞いていた秘書は、国や自治体の財政難を説明したようだが、久美子には話が難しくて、ほとんど理解できなかった。そして秘書は応益負担を「福祉という指定席に座ったら、その分のお金を払うのは当たり前じゃないですか」と言った。

久美子は反論したかったが言葉が見つからず、もどかしかった。そのとき施設長が反論した。

「福祉は指定席ではないですよ。シルバーシートや通勤ラッシュの時の女性専用車輌と同じです。ハンディや弱い面への配慮なんです。あなたはシルバーシートに座っているお年寄りや、女性専用列車に乗ろうとする女性に、上乗せの料金を請求できますか」

秘書からは黙ったままで答えが返ってこなかった。訴えを聞き入れてもらえたのか、今後どうなるのか、その場の空気を取り繕うような議員の言葉に、はぐらかされたような感じだけが残った。そしてそのまま懇談は終了した。施設長は丁重にお礼を言い、伊藤さんと久美子は煮え切らない思いで事務所を後にした。

帰りの送迎車の中で「今日はありがとね。よくわからなったけど、うれしかったですよ」と伊藤さんは施設長と久美子に声をかけた。

「すみません。何もできませんでした。結局、明日からも伊藤さんは利用料を払わないといけないし…、悔しいです…」久美子の正直な思いだった。

「ところで、さっきの議員さんは、なんの話をしていたんだっけ?」と、あっけらかんという伊藤さんに、施設長と久美子は大笑いしてしまった。

「すみません」とひと言あやまった施設長は「伊藤さんの思いは、議員さんにしっかり伝わっていますよ」とフォローし、伊藤さんも笑顔で返した。

伊藤さんの自宅に向かう送迎車は、西に向かっていた。夕陽がフロントガラスごしに、三人の顔を照らしている。

「明日も同じ太陽が昇るんだろうなぁ。でも今日とは違う日にしたいなぁ」

久美子はハンドルをぎゅっと握りアクセルを踏みこんだ。

３人を乗せた車は、夕陽に向かって走って行った。

《執筆者》
小野　浩　社会福祉法人ウィズ町田・きょうされん常任理事
（プロローグ、第２・３・４章、エピローグ）
北川　雄史　社会福祉法人いぶき福祉会　第二いぶき（第１章）
横川　拓也　社会福祉法人武蔵野千川福祉会　武蔵境ワーキングセンター（第１章）
吉田　修一　NPO 法人まる　工房まる（第１章）

◆本書をお買い上げくださいましてありがとうございます。
ぜひ本書のご感想をお聞かせください。
・アンケートフォーム　http://www.kyosaren.com/kansouform.html

〈ＫＳブックレット No22〉
ねことmaruとコトコト—障害のある人たちの「働く」をつくる—

2015年10月10日　初版第１刷
2016年２月５日　初版第２刷
編　著　きょうされん就労支援部会

発行所　きょうされん
〒169-0074　東京都新宿区北新宿4-8-16　北新宿君嶋ビル９F
TEL 03-5937-2444　FAX 03-5937-4888
郵便振替　00130-6-26775
Email zenkoku@kyosaren.or.jp
URL http://www.kyosaren.com

発売元　萌文社（ほうぶんしゃ）
〒102-0071　東京都千代田区富士見1-2-32　東京ルーテルセンタービル202
TEL 03-3221-9008　FAX 03-3221-1038
郵便振替　00190-9-90471
Email info@hobunsya.com　URL http://www.hobunsya.com

印刷・製本／モリモト印刷

ISBN978-4-89491-300-4 C3036